落語が好き!

落語コンシェルジュが深掘りする芸の粋

相山美奈子

彩流社

目次

第一章　川柳川柳師匠

軍国少年

相山　よろしくお願いいたします。

失礼とは存じますが、御著書（『寄席爆笑王　ガーコン一代記』河出文庫）を拝読し、しくじり（失敗）が多かったとありました。現代人は会社で怒られると、行けなくなったり、さらには引きこもる、病院で薬を処方してもらったりと、心に傷を負ってしまう人が多くなりました。そんな人たちにつらい気持ちを切り替え、気にせずに、生きやすくする秘訣、ヒントがあれば教えていただきたいです。

川柳　育ちが、育った時代が違うからね。今の奴らは、甘ったれて育ってるから。われわれは、まして家庭事情もあるし、一番大変なのは戦争ですよ。戦争でもう、あの頃の小学校、国民学校ね、そこで先生にスパルタ教育、ひっぱたきだった。あの頃の先生は軍隊式だから、すぐ「歯をくいしばれ！」、メガネかけてたらメガネ取れで、それでバーン！　バーン！　そういう中で育ってるし、家庭でも七人兄弟だから、一番上と二番目は働きに東京に出てきて、物心ついた時は、秩父の私の村にもういなかった。上の姉ちゃんは嫁いでいたし。

あと四人いたんだ。俺が一番下でね。姉ちゃんが二人、兄貴が一人で私で、女二人男二人そんな中で育ったから。親父も頑固者でね。ビシビシやられたし、だから子供心にも多少のことには動揺しなかったね。そして高等科、高等科ってのは小学校六年までは小学校、そっから高等科。

（ここで川柳師のアイスクリームが運ばれてきた。バニラアイスを召し上がりながら話す師は不思議な感じだ。無類の酒好きの川柳師のイメージからは程遠い。内心ビールでなくていいのだろうかと思うが、気を遣ってくださったのだろう。）

大戦・学徒動員

川柳　小学校六年が終わって高等科へ行って、高等科一年が昭和十九年。二十年が敗戦で、そん時はもう卒業していた。

昭和十九年はもう日本が敗色濃厚な頃。そのころ高等科二年になったら、一年の時はそんなことなかったのに、二年になったら学徒動員。それで村に銘仙の工場（秩父銘仙は着物で有名）、秩父工場がね、銘仙を織ってたわけ。それが、銘仙を織る豊田織機って機械を何百台って売っちゃって改装して、工場の人は就職でみんな表へ出しちゃって、新しい機械をつまりゼロ戦の部品（ゼロ戦の方向舵)をね、作る会社に変わっちゃったの。

相山　軍需工場になったのですか。

川柳　そう、軍需工場。軍需工場になって学徒動員。われわれ十三歳くらいの少年たちが自分の家からね、学校へ行かず工場に直に通うようになった。

相山　学校での勉強は?

川柳　勉強は工場の仕事でほとんどしない、できなかったね。ハチマキ締めてね、ちっちゃかったなぁ少年が。鋲ダダダダッ打ったりね、旋盤でぐるぐる穴をあけたりね、一生懸命仕事をしてたわけですよ。工員が指導したり一緒に教わりながらやった。

そんな時代だから、今のようにひよわじゃなかった。先生に殴られてもね、堪えなかったなぁ。ショックにならなかった。今は、甘やかされて育ってるからそうなってる。小言にも耐えられない脆弱な神経になっている。

先生に竹槍訓練で殴られるの。「なんだそんな腰つきは!」って竹刀で。海軍が使った精神棒ってのがあんだ。樫の棒で尻をひっぱたく、羽目板に手を付けて(仕草をする)おしりを出すそこを殴られる。それを先生も真似して竹刀、樫よりそんなに衝撃は

川柳川柳師匠

ないけど、ケツぶん殴られたりずいぶんされたもんだ。先生は一応工場まで来てはいるんだけれど、でも先生の教える時間はないんだ。

相山　連れて来て見てるだけ。

川柳　そう、ゼロ戦の部品をね、作るの。われわれは学生だからね、先生も一応監視して守ってってとこあるんでしょ、工場任せにしないで。

相山　その頃は、絶対日本は勝つと信じて軍需工場に行ったのですか？

川柳　（即答で、少年が信じきっているような力強い声で）うん、そう！　最初勝ったからね。実際勝っていて、それを今度ラジオや新聞でオーバーに報道するから、国中、子供ばかりじゃない、大人もみんな舞い上がっちゃってさ。日本には大和魂がある、長い歴史の中で外国に負けたことはない、実際はそう、島国だったから。神風が吹いて海が助けてくれる、で、変に新興宗教みたいになっちゃう、洗脳されちゃってね。絶対負けない、そうつもりになる。

さすがにね、軍需工場に行く頃になると、大分酷い状況なんだ。隠し切れない。報道も多少はちっちゃく報道するわけ。

相山　段々勢いが無くなってきますね。

川柳　そう。仲間同士で、先生に知れたら大変だからちっちゃい声で「おい、日本勝てるのかなぁ」って。そういう大人も子供もね、疑問が湧いてきた。

なんだかなぁ、兵隊さんもずいぶんそっちこっちで死んで帰ってくる。遺骨の凱旋、うちの一番上の兄貴も、兄貴ったって姉ちゃんの亭主、みんな兵隊に行ったんだけど(四人が出征)、死んだのは一人、二番目の姉ちゃんの亭主だけフィリピンのレイテでね、戦死した。あとは一応死なないで帰ってきたけど。

「軍艦マーチ」と「海ゆかば」

相山　師匠の高座で、最初は勝っていると「加藤隼戦闘隊」など、メジャーな曲が流れます。だんだん曲が「同期の桜」などマイナーになってきて、その頃は曲を聞いただけで、なんとなく負けるんじゃないかと感じることはありましたか?

川柳　そうそう。ニュースでね、勝ち負けを知らせる。勝っているのを知らせるときは威勢のいい軍艦マーチ。戦後パチンコ屋で使った曲。あれ聞いていると静かに打てなくなるらしい、(気持ちが高揚して)ぴんぴん跳ねるような。負けてきたらね、今度は「海ゆかば」[1]暗い歌があるの、それが流れる。この曲が流れる時は日本軍が負けている。あれ昔の百人一首の歌らしいの。

「海行かば」
海行かば　水漬く屍
山行かば　草生す屍
大君の　辺にこそ死なめ

かへりみはせじ

川柳　大君の辺にこそ死なめ、大君って天皇ね、天皇の傍って、まぁ傍で死ぬわけにはいかない。天皇のために死ぬことは後悔はしません、てこと。

（ここで「海ゆかば」ワンフレーズ歌われる。目の前で川柳師匠が歌っている。聴いているのは私一人！　うわーっなんだかすっごいお旦の気分♪）

川柳　勝ってる時は（軍艦マーチのメロディを♪）大本営発表〜って、みんなラジオ聴いて、お、また勝ったぞーなんて言ったもんだよ。それが、「海ゆかば」の方が多くなってきた。玉砕玉砕でね、島々を取ったんだよ、勝ってる頃。アメリカやなんかの島々太平洋。で、当然取ったからそこへ守備隊を置くわけ、それが全員死んじゃうわけ、負けてきた。

だから玉砕、アッツ島玉砕(2)、アッツ島ってのは北海道のアリューシャン列島か、ロシアに取られちゃったけど、北方領土のあすこ。あの辺はね何列島っていったかな、そこよりアラスカ寄りのほうにあるアッツ島というアメリカ領土、そこへ二千五百くらいの兵隊が常駐してさ、アメリカが責めて来てもここで彼らの軍艦やなんかを沈めてやろうって、大砲やなんか備えて待ってた。それがアメリカ軍の方がはるかに強いよね。数も多いし。で、わーって責めて、アッツ島は全員玉砕になった。

でも、運よく重症で助かった人もいたらしいけどね、死ぬ力が無くて倒れてね。で、結構アメリカ兵が護身用に病院船が付いていたんだ、すごいね。一人か三人ぐらいの医者がいるんじゃないんだ。病院船、軍艦の中で一番後ろか何かについてきて、それでもちろんアメリカ兵の傷病、収容して治療するんだ。生きてるからやはり日本兵もね、収容したらしいよね。人道的なところあるんだ。日本だったら逆だ、しないんじゃないかな。

で、もう生き残って敗戦になってから帰ってきている日本兵、けっこういるらしいよ。

相山　曲もだんだんさみしくなってきて、あれおかしいなーと思ってたら敗戦になった。

川柳　「海ゆかば」って曲おもしろくってさ、確かマイナーじゃなかったんだ。歌見たらマイナーじゃない、メジャー。だけど、悲しいメロディ、悲しい曲。作曲したのは明治大正あたりの作曲家だと思う。(3)作詞は江戸以前の万葉集みたいな昔の歌人が作った歌。

あのころは天皇陛下じゃなかったんだ、大君。江戸時代以前の歌、それを昭和にメロディをつけて、なかなか俺は好きな歌なんだ。暗い、確かに悲しい悲壮な歌だけど、好きなメロディだね。同期の桜なんかよりずっときれいな名曲だね。

人間いちばん思い入れとか、悲喜こもごもだけど、そういう感情が痛烈に残るっていうか、たましいに響くのは少年少女時代だね。人の死とかな、人間還暦過ぎてから感動も感激も悲しみもないね、もう。確か少年少女時代が一番重要だね。

（師匠はそうおっしゃいますが、著書では「私、還暦あたりから、何か高座が楽しい。もう楽しくて仕様がないのです」とあります。）

相山　その頃は、何でも初めてのものが多くて全身で受けとめてしまいますね。

川柳　そうそう。歌でも映画でも一番感動するのは十代。二十歳から三十、四十になったらいい歌だなと思っても感動しないし。

昭和歌謡と映画と浅草

相山　川柳師匠は、ちいさい頃から音感も声も良かったと伺いました。お父様の蓄音機で浪花節を聞いたり、御姉妹とレコードを聞いたりと、同じ年の子よりも早めに大人の歌を知ったことが、今に繋がっていると思いますが。

川柳　家系が凄いよかった。親父は浪花節だし、若い頃は浄瑠璃のお稽古に行ったらしい。ま、そんなもんだ。

俺の場合はね、姉ちゃんが多かったから、いろんな歌覚えたり、非常に役立ったな。兄貴じゃダメなんだよね。俺が兄貴ならさ、いろいろ歌を歌って聞かせて覚えたと思うけど。

一番上の兄貴は十六歳離れているから、俺が三歳の時はもう家に居なかった。東京へ出て来てね、酒屋の小僧やって、それから勉強して自分の店を持った。だから俺の少年時代、実際年に一度か二度は、兄貴と浅草へ遊びに来てね。子供一人で東京へ来る訳ないから、親父がお供にくっついてきてそれが楽しみだった。

相山　浅草で映画や寄席を楽しまれたのですか？

川柳　映画はね、ほとんど秩父。その町で二軒、東宝系とね、松竹系。東宝系のは日活の映画もやってたな。松竹のほうは俺の子供の頃は会社が大きかったから、松竹の作品しかやらなかった。だいたい青春映画とか恋愛ものが多い『愛染かつら』とか。だから姉ちゃんが連れて、娘一人じゃ当時は護衛ってわけじゃないけど、子供だけど男の子連れてればいいだろうとおふくろがつけた。だから全部観てる。

男友達同士で行くのは昭和館。もう一つは大宮座っていったな。畳敷きでね、どっちも。昭和館はチャンバラ映画が多い。それから姉ちゃんと行く時は恋愛もの。

相山　チャンバラ映画ですとアラカン(嵐寛寿郎)?

川柳　そう、あの頃は大スターがいた。大河内傳次郎、林長二郎(長谷川一夫)、阪妻(阪東妻三郎)、アラカン(嵐寛寿郎)。

相山　あの頃のチャンバラ映画はワクワクしますね、気持ち良くて。

川柳　もちろん白黒でね。娯楽の王者だからさ。ずいぶんあったよな。田舎の町でも二軒あったよな。浅草なんて凄かった。三十軒くらいあった。

相山　そんなにあったんですか!

川柳　いいやつもそうでないのも、ロックの通りね、寄席の両脇に。その両脇にぱーっと邦画洋画凄かった。普通の平日でもお正月みたいにぎっしり人が入って、肩と肩がぶつかるようだった。当時、東宝は日比谷街を牛耳ってさ。松竹は浅草、当時国際劇場ってのがあってね、松竹映画東洋一の劇場、確か日劇よりデカかった。日劇の方がちいちゃかったな。日劇が二番目で、一番が浅草国際劇場。

相山　当時は浅草が一番の繁華街なんですか？

川柳　うん、気楽でね、安いって。なんかいろいろ、やっぱり日比谷あたり行くと高いんだ。

相山　昔の浅草の写真を見たことがあります。ぎっしり人がいて、歩きながら肩がぶつかりそうで、それでも遊びに行くのが浅草なんですね。

川柳　浅草、盛り上がってきたんだから、一軒ぐらいできてもいいのにね。浅草松竹演芸場の前は松竹座、デカかった。レビューは国際劇場ＳＫＤ、凄い人気あった。西の宝塚に対抗して、東の松竹が作った。宝塚ってのは日比谷にあったんだ。

（川柳師は十五歳の時に、父親と浅草で落語を生で体験している。昭和二十二年、十六歳の秋に、酒屋を経営する長兄の元に就職。落語好きの友人に誘われ、寄席へ行く。子供の頃からラジオで聴いていた落語熱が再び高まり、中毒に。当時は落語全盛時代、落語全集を読み漁り、覚えてお得意さんの家で一席。次第に「落語家になりたい」決意を固め、昭和三十年八月十五日、昭和の名人、六代目三遊亭圓生に入門する。芸名は「さん生」。川柳師二十四歳、終戦から十年が経っていた。）

師匠のおかみさんにハマるも事件の連続

川柳　日比谷に演芸場もあったから、東宝演芸場。スカラ座（映画館）の上に演芸場があった。

東宝名人会では、落語界戦後十大事件の一つ、東宝オ×××事件(東宝演芸場で、酔って騒ぐ団体客がいて噺を全く聞かない。ついにキレて放送禁止用語の四文字を叫ぶ)。よくしくじったな、酒も飲むし。

相山　そういう時ってやっちゃえ!　なんですか。

川柳　若かったんだ。圓生の弟子の中でも、しくじりは多い、一番しくじった。しくじっても嫌われなかった。その頃は「さん生」、前座から二つ目、(圓生師匠に)気に入られていた。

相山　師匠はみんなから愛されてる印象を受けます。

川柳　うん、あの頃は師匠に教わったことは一生懸命やったし。酒屋の兄貴んとこで働いていたから、掃除洗濯そういうの上手くやれた。

兄弟子の全生(五代目円楽)は通いだったし、弟弟子の好生は、両親が死んで家もあってけっこう財産があった。お手伝いさんが彼が一人になっても住んで身の回りの世話をしてた。だからあんまり彼は、こまごました仕事ことはできない。要領がないから。そういう点で俺は、おかみさんに気に入られて。

(川柳師はかなりおかみさんに重宝され、度重なるしくじりをかばってもらった。)

相山　酒屋時代にご経験済みだから、体が動いてしまう。今は気を利かせたくてもどうしていいかわからない、体が動かずにかえって怒られる人がいます。

川柳　風呂場からトイレまでバンバンやっちゃう。だから気に入られる。盗み酒も師匠に内緒にしてもらった、まあそんなことがあった。
他にも酔って圓生師匠の家の玄関にウ××をしてしまったり（玄関ウ××事件）、師の机の上に褌を置いて寝てしまったり（褌事件）、それでも破門されなかった。

圓生師匠と「ジャズ息子」

（落語界の師弟関係は厳しく、理不尽に怒られても口答えなどできないと聞く。他の師匠なら即クビでおかしくない。しかし、そうされない川柳師の魅力、とはなんだろう。）

相山　口のきき方ひとつで破門になると聞きましたが。

川柳　師匠によってはね、ヘンに厳しいのがいるけど、圓生はそういうことはなかった。優しかったな。一番恐そうな師匠に見えるけど、実際優しいし、破門された弟子はいなかった。落語協会分裂騒動(4)で俺と好生（弟弟子）が破門された形になったんだけど、こっちからお願いして破門してもらったんだよ。（圓生師に）ついていかないということに対して、それじゃうちの弟子じゃないって、弟子じゃないとまあそういうことになっちゃった。

相山　本来なら（破門になって）落語界に残れないのに、残れたのは圓生師匠の優しさですね。

川柳　そうそう。他の師匠ならとっくにクビになってた、文楽師匠とか。小さん師匠も優しいしあまり気にしない。泥棒野郎は一人クビにしたけどね。
「ジャズ息子」（義太夫とジャズを搦めた噺。師の代表作）作った頃は、圓生師匠に大変気に入られた。「ジャズ息子」は評判よくて小さん師匠にも大変褒められた。当時三越落語会って、二つ目なんか出られない会なのに、小さん師匠が売りこんで出してくれたことがある。圓生師匠は何も言わず、ジャズなんか分からないのに、師匠が俺より後に出るのに、早くから来て聞いてくれてね、義太夫の部分を直してくれた。

あの噺は、普通の古典落語と同じような筋立てになっている。古典落語とほとんど変わらない。そのあとラテンをやったんだ。「ラ・マラゲーニャ」そのラテンはバーンと売れた。

「ジャズ息子」の頃はね、他の二つ目、先輩の二つ目より寄席側でも俺を使うことが多くなって、そのへんは師匠にハマってたわけ。

でも、どうしても売れ方がマイナーなんだね。先輩とかお客にはウケる、だけど寄席だけの話。あるときラテン突然やっちゃった。それがバカ受けでマスコミがワーワー騒いで使うようになって「落語界のアイ・ジョージ」それで人気がいわゆるメジャーになって、その頃は師匠と一緒に街を歩いていると、俺に〝サインお願いします〟なんて来てさ、そのへんから師匠が気に入らない。

つまり落語で売れてんじゃない。落語でも新作ならまだいい、全く違うもんでお前それは色物だ。で、真打にさせません！　弟弟子に先に真打になられたり、くやしかったもんだ。

真打なんかこだわらない

相山　真打を抜かれた、悔しい気持ちはどのようにの乗り越えたのですか。

川柳　俺は免疫ついているというか、そういう真打にこだわらなかった性格でね。「なんだよ、真打なんて名前だけだし、寄席でウケないし、どこも使ってくれねえじゃないか。俺は仕事はバンバン来るしね。二つ目だって売れてる方が上だ、そういうアタマだ、事実そうだもん」

二つ目時代、圓生師匠よりギャラが高いこともあったしね。

相山　世の中が売れている人を呼んでる。そのお考えは入門当時から？

川柳　そんなことはない。最初は古典を一生懸命勉強して、そのころは真打というものを重く受け止めていた。けどね、バンバン売れて稼ぐようになった。なんだ真打ってのは、名前だけ、形だけのもんじゃないか。

相山　確かに真打というだけで、仕事があるわけではありませんしね。

川柳　そういう時代もあった。俺は入った頃はまだあったし、今は真打のお披露目して、大騒ぎしてもらったけど全く寄席が使わなくなって、全然寄席には出られない人はいっぱいいる、その数は多い。真打どれだけいるのかな、その三分の一くらいしか使ってくれないよ(落語協会の真打は二〇二人、二〇一七年十月調べ)。

状況から合わせるとね。そう、(人が多くて)寄席が使い切れない。寄席が少なくて、真打ばかり増えても、俺が前座から二つ目になった頃、真打に先輩がなると必ず寄席に出ていた。休席なんてなかった(寄席を休むこと)。いつぐらい十年くらい前からかな、なかなか寄席に使ってもらえなくなったの。

相山　「ラ・マラゲーニャ」で売れて、真打より二つ目の自分の方が売れて収入もあるし、肩書きに縛られなくてもいいんじゃないかに、お考え方が移ったのですね。

川柳　そのとおり。いいよ、一生真打にならなくていいよと思ったこともあった。なんだ、ふざけんな、形だけの真打なんかになりたかねぇ。で、圓生師匠から小さん師匠（落語協会会長）の時代になって二つ目が余っちゃって、圓生師匠は一年に一人か二人しか真打にしたくない。それだと二つ目が真打になるのに何十年もかかる。七十、八十になって真打じゃあ仕方ない、とにかくそのために大量真打(5)しないと。

圓生師匠一人で飛びだしゃいいのに、会を作っちゃった（落語三遊協会）。協会分裂騒動、大騒ぎになってそれも失敗しちゃって、円楽一門以外、また（協会に）戻ってきた。圓生師匠亡くなったからね。円楽は「笑点」のおかげで売れて、協会戻らなくてそれでうまくいったわけでね。「笑点」のあれでね、「笑点」がなければ、あの一派を続けるなんて思わなかったんだろう。やっぱり凄いからね、「笑点」の人気は。それにしがみついて、結構みんな円楽に取り入ったんだ。人気って凄い。

幻の「笑点」メンバー

相山　テレビはメジャー。一瞬で売れますね。

川柳　俺も真っ当に行けば、「笑点」メンバーだった。（立川）談志さんが作ってくれて、あの頃はね、「笑点」は「金曜夜席」って野球の雨傘番組だった。雨が降ると、当時後楽園はドームじゃないから野球ができない、中止になる。それで野球の無い日は金曜夜席、一応録画撮っておいたけど放送は先送り。ひと月に二本録って放送がない。そのころまとまっていい仕事が来たから、東北行ったんだよな。

先の録画は決まってないから、当分ないだろうと仕事受けちゃった。で、東北のほうへ三日行ったよ、稼ぎに。談志さんから「明日録画あるから」って連絡入って、「駄目だ俺、他の受けちゃったよ。別の人入れて」で入ったのが(林家)こん平。そして日テレの方でこのままやってもらうってことになって、それで止まっちゃって、結局私は切れちゃった。あの仕事があのメンバーでずーっといたら、まあいいや。「金曜夜席」が「笑点」になっても、視聴率は上がらなかった。上がるようになったのはここ二十年くらい。

相山　師匠のように愛される、好感を持ってもらえる秘訣のようなものがあれば教えください。

川柳　それはわからないね。やっぱり芸風から来るもの。自分人間性はあまり知られたくないでしょ。だから芸風で、おもしろい、好き、それだけの話でしょう。

ふたたび圓生師匠のことなど

相山　圓生師匠って本当にお優しい人だったんですね。写真では一番恐い方に見えます。

川柳　芸風もね、恐いって感じで弟子は少なかった。弟子ってのは芸の本質よりね、風貌で判断するんだよ。だから小さん師匠は弟子が多かった。小さん師匠の丸い顔とね、雰囲気ってのが優しいだろうと思って、弟子になったのが一番多かった。

圓生の場合はね、厳しさが芸で感じられたから。やっぱりこわい師匠じゃねえかって。弟子は芸を考えない。自分を優しくしてくれる師匠の方を選びたいんだよな。考えたらおかしんだけどね。甘ったれてんだ。

圓生師匠の間って長い。あれがまたいいんだよね。自信、実力がないとできない。やっぱり、昭和の名人。文楽や志ん生、名人ずいぶんいますがね、志ん生っていうとおもしろい！　って言うよね。

(圓生師匠は)弟子としては厳しかったなぁ。だから、これはとてもついていけないってところはありましたね。で、自分自身でも昔からある古典落語というものを、誰が作ったか知らないけど、それを同じに覚えてお経みたいにしゃべってる。ちっともおもしろくなかった。俺だけの笑いっていうか、落語を創りたいと思って「ジャズ息子」に挑戦したわけ。これは上手く行った。師匠連中もそう思っているから、そういう若手が出てくるとね、「やるなあ」と評判がいいわけ。

古典落語、鮮やかに真似してんのはあんまり可愛がられないんですよ。「スジはいいね」ってそれだけ。オリジナルじゃない。お前が落語家？ってのもある。だからそこで(三遊亭)円丈、あの辺はみんな悩むわけ。古典落語、ただしゃべってるのは誰にでもできる。よほど不器用で馬鹿でない限りは。俺もそれで悩んだわけ。師匠に教わってそのまま演(や)ってるわけだけど、そのうち飽きるんじゃなくて、「いいのか？」そんなの悩まなかったら馬鹿ですよ。

話芸なら俺の話芸でなくちゃならない、それをわかんない奴が今ほとんどだね。ただ、昔からそのまま師匠に教わってそのまま演ってるこんな楽はことはないんですよ。新しいものを創るってのは大変なんだ。新しいものを創って喜ばれ、ウケるようになるのもまた大変。創ってみたけどそんなにウケないってのも多いし。古典落語はウケるようにできてんの！　昔からの人が一生懸命直したりね、おもしろい噺になった。ある意味で楽だし。

またそれを十人がやって一人か二人が昔からの古典落語をね、どのくらい上手く演技できるかってことですよ。歌舞伎と同じ。そういうのが上手いって言われるようになるわけで。新作で名作を創る人は、なかなかいないからね。戦後「ジャズ息子」俺が創った時に、けっこう仲間から「戦後最高の新作」だって言われて。

寄席そして日常のこと

川柳　正月は弟子のつくしは家に来ない。暮れに一回来るかな、お正月は寄席ですから。寄席の出番はここんとこ少なくなりました、ひところと違って。もうそれでいいんだよ、あんまり多いと大変だからね。昔は二軒三軒ほいほいやったもんだけど（掛け持ち）。あんまりないとね、運動ってこと考えないと。やらないってことになると運動不足家でごろごろしちゃう。

だからってなんかね、変なところ行って、体鍛えるところ、スポーツジムああいうとこ行くの嫌だしね、家じゃできないしごろごろしてるのが一番楽なんだけどな、寝転んでテレビ見たりね。しょうがない。若い人だと、毎日家でごろごろしてると飽きちゃう。外行きたくなるけどね、この歳になるとそれもめんどくさいしね。目的がないと散歩もしないしね。買物行くくらい、カミさんはいないし、娘は仕事だし、いろいろ買物に行く。野菜とかね、あれはひとつの運動になってる。

相山　とくに健康法とかは。

川柳　何もしない。本当は高座がそうなってるんだけど、今ここんとこない。ちょっとさみしいね。だからって俺はねえこういうとこ(腕を上げる)行くのも嫌なんだ。

相山　スポーツクラブですか。

川柳　ああいうとこ行くの嫌いだしね、あんなのは。いいよ、そのままで。家でごろごろ寝てるんだ。いいよ、この歳になりゃあ、今さら筋肉を鍛えなくったって。俺が正しいか、医者は正しくないって言うだろうね。必ずこうしてこうしてって言うだろうね。まあ、商売だから、もうこの歳になればね、寝転んで死を待つだけだから。

相山　そんなさみしいことを。

川柳　いや、そうなんだ。俺ぐらいの歳で一生懸命歩いたりする人あれば偉いなと思うよ、そう偉い！　俺は無精だから。

相山　お酒と言えば、圓生師匠はたくさんお飲みになったんですか。

川柳　ううん、一合五勺くらいかな、俺の三分の一くらい。すぐ寝ちゃうから、いい酒だった。

絡んだりしない、飲むと普段より優しくなったから。いい酒だったね。

相山　優しかったってよく師匠おっしゃいますよね。

川柳　いや、芸には優しくないよ。それは厳しいもんです。あんな厳しい人はいなかったんじゃないかな。他のことについてはね、酒にはちょっとうるさかったね。女にはいいんだよ。女には結構いい加減なもんで。まあいいけどね。圓生師匠ぐらい助平な人はいなかったな、俺の知ってる限りでは。必ず女がいたよ。

相山　高座のイメージとは違いますね。

川柳　だっていい男だし、芸もあるし。女もできるよ、女が貢いだね。変な女がいるんだよ、どっかの会社の社長とかね。亭主が死んで会社を受け継いだとか、そういうのが結構いたかな。ずいぶんあれでしょ、着物を作らせたり、お金をいただいたり、それはいいんだよ。それは名誉だし、立派だよ。それできない奴はダメなんだよ。歌舞伎役者でも、いろんな役者でもそうでしょ。ファンからいろんなものいただいたり。

高座を振り返る

川柳　今日ぐらい俺は声が張れないっていうかな、ぴしっとならないのはなかったね。

相山　そうでしたか。

川柳　お客さんはわからなかったけど……。今日は久し振りに酔ったな（嬉しそうに笑う）。

相山　みなさんとっても喜んでいらして。道楽亭の御主人は今年の八月も、来年のお誕生日もっておっしゃってましたよ。ところで「ジャズ息子」は、どのくらいの時間で作られたのですか。

川柳　けっこう前座の頃から、やろうかなと思って固めてた。それでやったらウケてね。小さん師匠が喜んで、「これいいぞ、三越落語会に売りこんでやるよ」って。そこにはなかなか二つ目は出られなかったんですよ。小さん師匠のおかげでね。

あの頃「ジャズ息子」は画期的な落語だもんね。義太夫とジャズ、そんなのなかったんだ。みんなびっくりした。「おい、いいぜお前のは」圓生師匠は何もしなかったけど。でも、東宝名人会で圓生師匠がは端の方で聞いてて「おい、聞いたよ。義太夫は、あれはだめだよ、直してやるから明日おいで」

師匠の家に行って義太夫を教わった。それで「ジャズ息子」という名作が生まれた訳です。

相山　そうでしたか。「ラ・マラゲーニャ」もお時間はどのくらいで作られたんですか。

川柳　あれはねラテンが好きだったからね。ファルセットって裏声ね、裏声がこりゃウケるなって、やったわけ。ラテンの名曲はいっぱいあるけど、裏をきれいに流すのはあの曲だけ。だからやったらどうだろうって、ギター弾きながらやったらウケたウケた。そりゃウケるよ、普通の落語なんて飽きちゃってるからね。それをましてやラテン。ソンブレロを被ってサラッペ（肩かけ）かけてさ、それでギター抱えて、そりゃあ驚くよ。いつまでも続かなかったけど、五、六年かな、いつまでも続かないよ、行列のものは。そりゃあ飽きられる、じわじわきたもんじゃない、ドーン！と来たもんだから。

でも俺は落ちてっからも楽しかったな。やるつもりじゃなかったんだ。偶然ああなったんだ。だから狙ったんだったら(ウケなきゃ)ガクッとくるけど、なんだいいよと思ったから不思議だね。狙ったもんじゃない、俺の趣味でやったんだ。それがヘンにウケた。そういうことです。よくあるこった、芸能界でね。自分の趣味とピタッと合った。狙って狙ってもダメなんだよ。

インタビューを終えて

「自分人間性はあまり知られたくないでしょ」

意外に感じた言葉だった。

高座を見る限り、川柳師は自分をさらけだすタイプの芸人さんだと思っていたからだ。師の普段は物静かで、知的な感じがする。驚く記憶力で、淡々と、一つの物語を聞かされたようだ。

私が聞きたいことと離れた部分もあった。それは仕方がない。師の世代は、「心のことを考える」ことを教わってない、いやその余裕も無く走り続けてきたのだ。愛される秘訣や、苦しみを乗り越える秘訣。そんなことを考えるより、働いたり、稽古をする。そういう世代だ。

最初は照れてはぐらかされちゃったかな、とも思った。でもあとで考えると深い言葉だ。

「自分人間性はあまり知られたくないでしょ」

自分の本当の本当の奥底にある、ちっちゃくてやわらかくて、とってもピュアでたいせつで大事にとっておきたいもの。それは師も気づいていないかも知れない。それをちらりとのぞかせてもらったような気がした。

今回、今までの高座では見えなかった、川柳川柳師匠の人間性や、新たな魅力を感じられたと思う。

註

(1) 『海行かば』とは、日本の軍歌ないし国民歌の一である。詞は、『万葉集』巻十八「賀陸奥国出金詔書歌」(『国歌大観』番号4094番。『新編国歌大観』番号4119番。大伴家持作)の長歌から採られている。作曲された歌詞の部分は、「陸奥国出金詔書」(『続日本紀』第十三詔)の引用部分にほぼ相当する。この詞には、一八八〇(明治十三)年に当時の宮内省伶人だった東儀季芳も作曲しており、軍艦行進曲の中間部に今も聞くことができる。戦前においては、将官礼式曲として用いられた。(ウィキペディアより)

(2) アッツ島の戦い(Battle of Attu)は、一九四三(昭和十八)年五月十二日にアメリカ軍のアッツ島上陸によって開始された日本軍とアメリカ軍との戦闘である。山崎保代陸軍大佐の指揮する日本軍のアッツ島守備隊は上陸したアメリカ軍と十七日間の激しい戦闘の末に玉砕した。太平洋戦争において、初めて日本国民に日本軍の敗北が発表された戦いであり、また第二次世界大戦で唯一、北アメリカで行われた地上戦である。(ウィキペディアより)

(3) 信時潔がNHKの嘱託を受けて一九三七(昭和十二)年に作曲。(ウィキペディアより)

(4) 落語協会分裂騒動。一九七八年、江戸落語の団体である落語協会において、当時の落語協会会長五代目柳家小さんらが行った真打大量昇進に反発し、前会長で最高顧問の六代目三遊亭圓生が脱退して新団体の落語三遊協会を設立した事件。(ウィキペディアより)

(5) 圓生は真打が「ゴール」、小さんは「スタート」と考えていた。(『寄席爆笑王　ガーコン落語一代』河出文庫より)

［取材日は、二〇一七年九月二十五日、池袋演芸場上の「カフェ・ド・巴里」。二〇一七年十二月二十四日、道楽亭終演後、ご自宅までのタクシーの車中。二〇一八年三月二十七日、道楽亭での川柳川柳八十七歳の誕生日を祝う会（前夜祭）後、ご自宅までのタクシーの車中。川柳師匠は二〇二一年十一月十七日、お亡くなりになりました。享年九十。］

第二章　快楽亭ブラック師匠

談志と一門、受け継がれる遺伝子

相山　まずは、修業時代に家元から教わった気の遣い方を教えていただきたいです。

ブラック　自分と相手が一緒に帰るときに、駅まで行って自分が先に手前の駅で降りるときでも、自分が降りたら、ドアが閉まって電車が行くまでそのまま見送ってないといけないとか、逆に素人の人でもそれやられると気分いいんです。だから、一番談志に教わったのは『相手の気持ちになって』

相山　それは入門されたときすぐに教わるのですか？

ブラック　いいえ、一緒に行動して見てて。ティッシュ配りやチラシ配りのお兄ちゃんに、おいらめんどくさいからスルーするのに談志はそれを受け取って「俺も若い頃やったことあるけど、これ受け取らない奴居たらむかつくんだよな」とか声かけると、傍にいたら「そうだよな、ああ、相手の立場になったら、今までスルーした私はいけなかったな」と思う。

相山　言葉でなく、談志師匠の姿勢で教えていただける。その中で相手との距離や呼吸を覚えて行くのですか。

ブラック　まあ、アンテナの問題ですけどね。うちの弟子（元・快楽亭ブラ坊）などは、私見て分かりそうなのに。九月にね、彼の地元で私の会やったんですよ。土曜の夜と日曜、二日間やってくれって。当然、日曜昼だと思ったら、映画館で最終回というか、レイトショーに近い時間。ええー って思ったら、案の定お客さん来ない。私が日曜の夜なんて間抜けな時間に会やったことない。一週間でいちばんやっちゃいけない時間なのに、わかりそうなもん。こういうこともいちいち言わなきゃ分からないんだ。

相山　安く借りれる時間帯ですか？

ブラック　いや、そうでもないです。土日は別料金で基本高いんです。高いのにお客さん入らないから。

相山　修業時代はたくさん怒られると思いますが、慣れてしまうのかもしれません。学校や職場で怒られると、委縮してどうやってカバーしようか分からない人が多くなりました。ショックや傷ついた気持ちを上手くかわす、乗り越えるコツがあればお伺いしたいのです。

ブラック　こっちは何にも知らないで入っていくんだから、無知なんだから怒られるのはあたりまえ。若い頃、（立川流）一番弟子の土橋亭里う馬（どきょうていりゅうば）が、何かで腹を立てて、彼が手にした雑誌で私の

快楽亭ブラック師匠

頭を叩いたんです。殴られた途端に「お見事!」って言ったら、それでもうなんかあきれ返って、こいつ堪えないからダメだと思ったみたいで治外法権になった。

相山 どう切り返すかで洒落が分かる。やはり映画やお芝居をご覧になってのことでしょうか。

ブラック そうでしょうねえ、時代劇好きだからね。

相山 理不尽に怒られるのは当たり前、という腹のくくり方なんですね。

ブラック 談志ですからねぇ。反抗しても「師匠あのときこう言いました」「そんなことは言ってない! いや、言ったかも知れないけど、あんときと今では考え方が違う!」そう言われたら諦めなきゃしょうがない。ああこの人に何言っても無駄なんだ。

相山 家元(談志)は朝令暮改でしたね。

ブラック だからもう談志の元に居たら、何やっても大抵我慢できちゃう。だから豊臣秀吉も織田信長という暴君に仕えていたから大抵のことはね。明智光秀の場合は他所にいろいろ仕えてたから比べてしまう。それで最後に堪忍袋の緒が切れて、本能寺の変を起こしちゃったんでしょう。

相山 腹のくくり方さえちゃんとしていれば大丈夫だと。

ブラック　ですね。圧倒的に違うじゃないですか芸が。だからそっからして対等じゃないから。性格が悪くっても芸で負けてるうちは逆らえない。基本好きだから、そこら辺が違うんですね。これが立川流になっちゃうと志らくあたりまではいいけど、それ以降になっちゃうともう理不尽な行為に怒るんですね。僕らはもう袖で芸聴いてて、この人に勝てないうちは仕方がないと諦める。

相山　口答えしたら破門ですか。

ブラック　いや、破門って宣言したことはありましたけど、本当の破門じゃない。談志も師匠の（五代目）小さんに何度も破門って言われてますから。

ある弟子が破門されて、それを戻すかどうか。

正月の新年会で、それでクビか二つ目昇進かを、汚いから自分で決めないんです、ずるい。お前ら（弟子）が決めろって、自分は別室に逃げちゃう。さんざ批評はしてね、「なってない」って。そうしたら、別室にいる談志から「二つ目かクビかって選択肢じゃない、前座にして戻すという選択肢もある」おい、それじゃそれこそ忖度。新年会早々弟子をクビにしたくないから、戻してやれっていってんだよ。戻してやろうよってね。

相山　談志師匠はお優しいですね。全部ご自分でお決めになっているようなイメージがありますが。

ブラック　だから私のときも自分でしないで、吉川潮（当時立川流顧問）に委ねて。吉川潮が私のこと可愛がってたから、こいつにあれしたらまさか破門しないだろうと安心して委ねたら、案に相違して彼が怒り心頭で私をクビにしちゃった。お前に任すって言った以上どうしようもなくなっちゃって。で、しょうがないから気になるもんだから、それから私が毎日のように通う飲み屋にけっこうふらっとやってきて。

相山　様子を見に。好きで入っているから、理不尽に怒られても辛抱ができるけれど、学校、会社はそこまで好きで入ってる場所じゃないですから。

ブラック　談志は好きだけど兄弟子とかはね。同じ人を愛してリスペクトしているだけで赤の他人で、俺よりちょっと早く入っただけで何で言うこと聞かないといけないのって。

相山　ライバルと言えばライバルですね。

ブラック　うん。でも土橋亭はお見事事件一発で手なずけちゃったし。左談次には僕ら平気で口答えしてましたから。それを許す向こうの度量もあるんだろうけど。なんで口答えできたかというと、私が奢ることが多々あった。これ結構大きいんで。これで上下関係が決まっちゃうという。

龍志とぜん馬の場合は、龍志が先に弟子入りしてほぼ同期。龍志の方が早かったんですけど、ほぼ同時期に談志のところに入門して。終わった後飲みに行きましょう、そこであとから来たぜん馬の方が払ったんだ。龍志の方が「兄さん兄さん」って言うようになって、ぜん馬の方が兄弟子になっちゃった。自分の方が兄弟子で居た方がいいのか、それとも奢ってもらう方がいいのか、当人の価値観ですからね。数日前に龍志の方が先に来てるのに、ご馳走で上下関係が決まってしまった。

相山　入門時の序列って一生のとても大事なものだと思うんですが。

ブラック　それは、他所だとね。談志が、（古今亭）志ん朝に（真打）抜かれて、その感情は最後までつきまとった。志ん朝師匠は兄（あに）さん兄さんて呼んでくれるんだけども、落語協会の序列は志ん朝の方が上だから、談志は最後までそれ恨んでましたから。談志と志ん朝が二人で美弥（銀座にあった談志行きつけのバー）でふたりっきりで飲んだときの話、一冊の本になるのに。

相山　伝説的な夜ですね。好きだという思いがものすごく強くて覚悟を決めて入門されているから、乗り越えられる訳ですね。

ブラック　談志・志ん朝は倅がなってないでしょ（後を継いでいない）。大変そうだと思っちゃうんです。だから、なんかお父さん楽そうみたいなのしか襲名しないの。うちの秀次郎（息子）がよくお客さんとかが、お父さんの仕事継がないのって言われて。父親の商売がいかに大変か、こいつはよく分かってるから。彼もそう言ってましたからね。

「大きくなったら何になるの」「可能性はたくさんあるけど絶対なりたくないのはプロレスラーと落語家。たいへんそうだから」

分かってたんじゃん。

相山　父親の仕事が旨みがないと、後を継ごうとは思わないですね。

ブラック　芸ね。初めてＳＭプレイした女王様にビールを片手で注いだらいきなり殴られて「奴隷のくせに女王様に片手で注ぐ奴があるか、両手でお注ぎ！」

かなり後半になってからですけど、談志が「週刊実話」で対談やってて、ゲストで呼ばれたんです。新橋の新京飯店(新京亭)中華料理屋。始める前に家元ビール党だから、両手で注いだら「不器用な野郎だ。片手で注げ!」「いや女王様に片手で注ぐと怒られるんです。目下のものは両手で注がなきゃいけない、女王様にいわれたんです」「じゃあ、しょうがねえや」言いながら結構嬉しそうでした。

なんだろ、人を見つけるチャンスは、これも談志なのかなぁ。強姦未遂事件かなんか起こして、マスコミの寵児だったのが一切出なくなった荒木一郎を、自分の独演会のゲストに呼んだの談志でしたからね。落語会って、落語家と色もの、寄席に出ている人たちをゲストに呼ぶもんだっていうのを、どんなジャンルの奴を呼んでも構わないんだってあの辺り見てたから。なんか自分がおもしろいと思う人を、ずうっと使ってきましたからね。

相山　家元はそういう人をすぐに助けましたね。

ブラック　あれは助けるというか、安く使えるからね。(月亭)可朝師匠なんか凄い感謝してたけど、われわれは安く使えるという家元の計算を見ていたから。

相山　そうなんですか。ああいうときなかなか声をかけてくれる人もいなくなるのでさすが家元だと。

ブラック　これは私の持論ですけど、親子は本当にDNAを受け継ぐ。師匠と弟子はDNAを受け継ぐけど、どのDNAを受け継ぐのかは分からない。志の輔はマスコミに売れるDNAを、古典落語の巧さはぜん馬、龍志、談幸、談四楼。左談次は毒舌。

私は論理分析のＤＮＡを一番受け継いじゃったの。これは学歴の無いコンプレックスの裏返し。学歴のある奴に負けないための理論武装。早稲田に入った秀次郎になんて負けないし、宿題とかでアドバイスする。あいつ高校が進学校だったから「どんな宿題やってんだよ」「日本ＴＰＰに参加すべきかどうかその理由を書け」「それだったらお前こういう切り口の方がいいんじゃないか」

相山　もともと師匠は分析力をお持ちだったんでしょうね。

ブラック　いや、ないです。やっぱり談志の弟子だから、あとは映画。この間ラピュタ阿佐ヶ谷でやった『竜馬暗殺』の「困ったときは逆立ちして見たら世の中の本質がよく見えるぜよ」。こいつを、バッシングしたときなんかに考える。あべこべになって考えるとそうじゃないんじゃないか、それに近い。

「談志ひとり会」の開口一番でね、一銭も余分な金は談志は使いたくないから、(人を)呼びたくない。前座あたりなら五千円、俺たち弟子なら三万円用意しないといけないから。前座にしてたけどあるとき、龍志を開口一番にしたの。ちょうどそのとき談志の弟と楽屋で話してたら、「小言幸兵衛」やってたけど芝居噺になって。心中の場面になって、ちょっと談志の弟に「ちょっと待ってあと聴かせて」って。龍志の芸がいいんですよ。しびれちゃった。終わって「よかった、あの女形をやっている役者がたまに立ち役にまわって、二枚目をやっている発声でしている、よかったよ」彼は、先代中村勘三郎に褒められたりしてるんだ。「あ、そう」って。

で、自信持って演ったら同じところで家元に「下手くそ、なんだお前えのあの場面は！」龍志が

「嘘つき！　おい家元に怒られたじゃねえか」「きんちゃん（龍志師匠の前座名）俺と家元とどっち信用するんだよ、え？　どっちが芝居観てると思う？」俺が言った言葉が間違いねえんだよ、どんだけ耳が肥えてるか。

ブラック　私に言わせると、全然違う。あの人は世の中で自分が一番偉い人だから、俺を認める歌舞伎役者は偉い。

相山　家元は（中村）勘三郎さんとか、襲名前の（市川）染五郎さんを褒めてらっしゃいました。

ブラック　そうそう。だからいつも私はそれを突っ込んでた。

相山　俺をわかるお前は偉い。

「最近、俺のところに木場勝己ってのが来てるんだけど、あいつ上手いんだ」「えー、家元あんなものをいいとおっしゃるんですか？」こっちは仕事の恨みで論理的に検証。「だってあいつがオセロをやったときのイアーゴは、ジャック・ニコルソンみたいだったっていうぞ」

当人がジャック・ニコルソンを意識してやっただけでしょう。観てる立場から言えば、新橋演舞場の北大路欣也のオセロ、勘九郎のイアーゴに比べたら、ねえ。

昨日の芝浜で「べろべろになっちゃえよ！」（女房の台詞）ってやったら意外とウケなかった。昔はもっと受けたのに。ああ談志の芝浜を知らない世代が増えちゃったんだな。

相山　一門会でも家元には間に合わなかったという声を聞くようになりました。

ブラック　だってもう六年だからねぇ(二〇一一年没)。七十までは談志がカッコいいと思ったんです。こんな人いるんだって。いま唯一憧れてるのが歌舞伎の坂東竹三郎さん。あの人はもう最近やめちゃったけど八十になるまで自分の会やってて、初役とかに挑戦してました。七十歳で四谷怪談のお岩様やってたりしたから。だから八十まで現役でって、この先狙ってるんだけど。

ネタと稽古

相山　ネタはどのくらいお持ちですか。

ブラック　今年は百やってない。八十何席くらいしかやってない。百二十～百三十かな、新作も入れて。

相山　落語の稽古はどういうふうになさるんですか。

ブラック　寝る前ですね。あとは旅が好きでしょ、明日は息子と行くけど。仕事のときにあえて青春18きっぷで、こういうのはお金かかるんです。たとえば来年(二〇一八年一月六日)博多で独演会あるんですけど、青春18きっぷで四、五日かけて行くんです。青春18きっぷが一日で終わると二千四百円でしょ、二日で四千八百円。四、五日も前日だからホテル代が二泊で一万円だとしたら、それだけで一万五千円ですからね。LCC使ったら一番安いときは千四百円で行けたことがあった。たいてい五千円以内で行けるんです。

なぜ時間をかけて行くのかというと、最初は単純に車窓マニアだったんだけど、それに飽きたのと、ここの風景だけ押さえればいい、あとは暇つぶしの稽古なんです。そこで新作覚えたり、慣れたネタはすぐ出てくるけど、あんまりやったことないネタは旅。あと寝る前。寝る前はね、あまり良くない。寝て羊が一匹、羊が二匹みたいな、全部。声は他の奴は知りませんが、私は声は出さない。脳内でなぞっているだけなんですけど、割りと寝つきがいいんでサゲに行く前に寝ちゃうんですよ。だからネタおろしやろうかなと思っても、サゲまで稽古できないで当日を迎えちゃうということは多々あります。いつも同じとこで終わっちゃう。後半を一度も稽古してないで。その場の感情ですよね、役になり切って。台詞で言ったつもりないから、役になり切って言ってるから。だから上方歌舞伎式の発想なんですよね。普通われわれ話をしてても噛んだり名前度忘れしちゃったり、あるじゃないですか。それがリアルなんだよっていう。まあ自分に甘い発想。その噛んだのが怒りのあまりとか。

相山　役になり切り、腑に落ちていればそうなりますよね。悲しんでるときに流暢に言葉はでません。お休み前ですと、ほぼ毎日稽古されているという。

ブラック　そうですね。でも余裕なしに飲んだくれてバタンキューという場合もあります。それとそんなに焦ってない、近々で稽古しなきゃいけないものもないというようなときは。でも逆に稽古するネタはないいんだけど、急にあのネタやってみたいというのもある。

相山　お休み前とは意外でした。新作のアイデアはどこから？

ブラック　昔「トンデモ落語会」をやってた頃は、新作ネタおろしの会だから、何か作らないとと思ったけど今はそういう縛りがなくなりましたからね。「イメクラ五人廻し」もいつまでもあのネタじゃないだろうと思ってたとき、籠池さんが出てきてくれて五人目の客、籠池さんがイメクラに行ったらに変えたら旬のネタだからめっちゃウケるし、「オマン公社」も総選挙の投票日の前日に。娼婦を小池百合子にして作ってみたらまあバカ受けになりましたからね。発想だけですね、稽古は要らない。

相山　新作は書かれるんですか？

ブラック　笑福亭鶴光さんとこの羽光（うこう）さんなんて（名古屋の）大須演芸場で、僕は大須演芸場時代にいろんな方を聴いてて。最後まで、あ、こいつは全部聴こうと思ったのは、鈴々舎馬ること田辺鶴遊（かくゆう）の二人だけだったんですけど、羽光も結構おもしろいんでたまに聴いてて。私の会に呼んで、「ちょっとあのネタやってくれ、今日はあのネタやってくれ」「勘弁してください。扇子持って来てないんです」扇子にネタを書いてある。落語全部書いてあるの。

別に新作なんだから、ほんとに自分に甘いんだけど、お客は（内容）知らないんだから、俺の脳内で完成したネタなんだから、間違えたって誰も分かんねえのに、なんだよ、こいつって思っちゃって。やっぱり性格なんでしょうねぇ。

大阪の笑福亭福笑さんなんかは、いちいち扇子とかには書かないけど、ネタ創るときに書いたノート見せてもらったけど、米粒写経ですよ。米粒に書くくらいの小さい字でばーっと書いてある。ちょっとこの人も病んでるなと。基本的に僕は文筆でもお金を頂戴してますから、直接的にお金貰う仕事以外は書かない。第一、書いたら恥ずかしいでしょ。

「折から降りしきる大雪の中、店外に出て看板のコンセントを抜き、看板を手で持って引っ込めようとした三人で一発のオ○○コでよろしいでしょう。頭の上から……」

なんか書いてる自分に多分、ツッコミ入れたくなる、お前何書いてんのって。

落語の魅力とおもしろさ

相山　入門されたときといまでは落語の魅力やおもしろさは変わってきましたか。
ブラック　はい、変わってきました。こないだの打ち上げで米粒写経(漫才)にも言ったんだけど「もう俺悪いけど、八っつあん熊さんできなくなった」完璧に飽きましたね。
多分、私は突然変異の落語家なんです。よく歌舞伎役者にも自慢するんだけど、「昔の名人の噺家、圓生師匠とか彦六の正蔵師匠とか歌舞伎好きだったけど、俺みたいに日本全国追っかけて観やしないだろう」って。日本全国追っかけて観るほどの暇もないっていうくらいに売れていたんだろうけど。
相山　歌舞伎座、大阪松竹座、京都南座……。
ブラック　博多座だって行きます。円丈さんに聞いたら、師匠が歌舞伎観てるのを記憶してない。まあ弟子に内緒で行ってたんでしょうけど。それで映画は三百八十何本で、芝居は年六十回くらい行ってるんだから、芸を観てそれが当然体内に蓄積して、私の演技力が飛躍的に向上している。八っつあん、熊さん、与太郎って人間を演るのに飽きちゃって。それじゃない奴を、今年になって「塩原多助一代記」始めたのも、道連れ小平、そんな悪人やったことないだろう。二年前に「吉住万蔵」演ったのも、たまたま出会った男と女が悪い選択ばかりして、どんどん落ちて行く。落語版成瀬(巳喜男)の『浮雲』だなぁ。こういう人物が演じられるんだ。いや、八っつあん熊さんやると退屈だから、ついつい自分が出過ぎちゃう。で、どっちかに自分が出りゃいいんだけど、八っつあんと隠居さん、どっちも私になっちゃう。あれこれ両方とも俺だよ、俺の自問自答じゃん。

相山　演っててご自身が楽しい。ウケるウケないではなくて。

ブラック　そうそう。ウケるのは簡単なんです。わけない。方法論が分かってるんです。よっぽどお客さんが馬鹿でなけりゃウケるんです。

相山　そういうお気持ちになったのはいつ頃からですか。

ブラック　「吉住万蔵」やったあたり。落語家になった喜びを感じましたから。二年前くらいですね。こんな人物が演れるんだ、演じる幸せ。ちゃんと分かりますからね、お客さんが完璧に自分の話術についてきてくれてるのが。逆に若手で大ネタやりたがる奴がいたけど、(自分は)一切やりませんでした。

私は口はばったい言い方すると高座より客席歴が長いから。だから、客席の主観が優先するのね。その真打披露のときに、いっぺん文芸坐ル・ピリエで一夜だけ口上にSMの女王様入れて、パンツ一丁亀甲縛りで首輪・鎖で引きずり出されるのをやろうか、というときに相当自問自答した。「これやっていいのか？　はたして露出狂の、自己満足じゃないのか？」
変態の世界に足を突っ込んでいるけど、片足しか突っ込んでないから、左足アブノーマル、右足ノーマル。常に冷静に分析しているから、大丈夫、絶対にウケるってもう一人の自分が言ったりして、左談次に「ここに控えております奴隷は……」って司会してもらって。私の場合、売れるという思考をまるで求めてこなかった。趣味優先の人生だから。
相山　その考えは入門当初からですか。
ブラック　そうでもないです。でもそれはありましたね、確かに。

快楽亭の日常

相山　お身体はもうよろしいんですか。
ブラック　私？　なんか死にかけた割には信じられないというか好調。太り過ぎって言われて、悔しいからダイエットして。
相山　お酒も？
ブラック　お酒はいいんです。若い頃から酒の時はあんまりご飯食べなくて。二十五歳くらいまでは五十六キロだったんですけど、夜にご飯を食べるようになったらあっという間に太っちゃって。最近はご飯は一日一食にしています。今日は朝食べた、これで締めにビビンバ食べなきゃ、今日は勝ち越し。明日から旅。毎晩飲む、飲むと食べなきゃいいんだから。

相山　師匠の日常をお聞きしたいのですが。

ブラック　他の落語家と違ってめっちゃ早起き。今日も歯医者の予約が九時三十分なんです。心臓の定期検診とかも待たされるの、だんだんズレて何時間待ちって話を大病院で聞くから、それより早く起きた方が有効に活動できる。有意義な時間ていうか。オフの日の方が忙しいですから。さっき今日何の映画ご覧になったんですかって聞いたけど、映画朝から見ている。九時三十分に予約取ったのは十時三十分からのラピュタ阿佐ヶ谷で『皆殺しのスキャット』そのあと十三時十分から石原裕次郎の『明日晴れるか』ってコメディ映画を観て、最初六時設定して急に『明日晴れるか』この映画チェックしたらまだ見てない、私まだ見てない日本映画があったんだ。

相山　映画館で一日に二、三本はあたりまえですか。

ブラック　ええ、やはり仕事のときは観れませんからね。

相山　ずっと座りっぱなしで腰は痛くなりません？

ブラック　強いんですね。電車とかも青春18きっぷの旅一日、適当に休みを取るようにしてるんですけど、スケジュールないときは一日十二時間くらい乗りっぱなしってときがあるんだから。あとは、めちゃくちゃ映画芝居を観まくる毎日ですから。

相山　夜も遅くまで……。

ブラック　ですね、レイトショー。でも大須演芸場に出てるときは、夜の部が夕方四時にハネちゃう（終演）んです、浅草歌舞伎みたいな。最初は珍しがっていろんなお客さん観に来るんだけど、一巡しちゃうと飽きちゃうから。映画観まくればいいけど、映画も終わっちゃったら、お風呂は一部と二部のあいだに行っちゃうからもういい。四時に終わって近所のコンビニ行って夕刊を買って読んで楽屋で何にもすることないとそのまんま寝ちゃう。けっこうこれが寝れるんです。

急ぐ必要のない人生

相山　青春18きっぷでのご旅行がお好きとは意外でした。

ブラック　だから電車で「あ、ほんとに使ってるんですね」と見て感激した人もいましたね。なんか「急ぐ必要のない人生」なんですね。家元がそういうまくらやったけど、おばあちゃんが間違えて特急に乗ったら特急料金請求されて、いや私は急ぎたくないんだけど、なんでお金払わなきゃいけないの。私も人生、そんなに急いでないから。

相山　それはお若い頃からですか。

ブラック　どうだろう。今の道中で景色観たり、やっぱり距離感感じたいってのがありますね。九州まで一時間半で行くよりも時間かけた方が九州に来たんだというのは私だけの趣味だから、子供との旅のときは強制しません。向こうには向こうの価値観があるんだから。そういうときは最短のコースを選んでやるけど。

相山　そういう考え方もあるんですね。飛行機お好きじゃないと伺いましたが。

ブラック　その割に乗ってますけどね。一駅一駅止まるたんびに、今駅名変わっちゃったらしいんだけど、山陽線で玉島って駅に行って、「夏祭浪花鏡」(歌舞伎)のね、ああここまで逃げてくりゃあそりゃあ、親殺しても助かるかなとかなあ思ったり。ひとつひとつ、ああこれが事件のあったとこかとか。

相山　一瞬一瞬を楽しんで暮らしていらっしゃいますね。

ブラック　(嬉しそうに)ですね。

相山　今はいかに早く着くかを競ったりしますが。

ブラック　「遅く行く」に価値を。だから知らない土地、どこに泊まるかその旅で違いますから。新しい出会いとかお店、食べ物。

相山　心の豊かさを感じます。

ブラック　懐豊かじゃないんだからさ、心くらい豊かにさせてよ。

相山　でも早く向こうについて何かするのと、一駅ずつ楽しむのとは一緒ですね。

ブラック　うん。私もその早く行ってを心がけて、飛行機乗ったら日帰りになっちゃう、そのほうが経済的だけど。それより結果的にお金かかちゃうけど、倹約しているようで実は倹約じゃなくって、泊まって前日乗り込みで飲み食いした時間は、その時の間で絆できるし。そういうお金惜しまないから。

今年の五月もお客さんが教えてくれて、コメディNO.1の前田五郎師匠、大阪でライブやっている。前田五郎師匠をゲストに呼んでくださいってお客さんが。とにかく観なきゃいけないから、ライブに合わせて京都競馬見に行って四時半ぐらいに終わるからそれから行こう。で、行くと向こうも当時、三枝(現・六代桂文枝)師匠の弟子だった私を(ブラック師匠は三枝師匠のお弟子さんだったことがある)大歓迎してくれて。高座見たらおもしろいしぜひお願いしますって。

息子は友達

ブラック　おかげさまでというか、当然というか子供が早稲田大学歌舞伎研究会に。おんなじ趣味だから。おんなじ趣味ということははるかに私の方が偉い。歴史の知識でも何でも。こっちは堀越高校中退で、あっちは早稲田なのに学校の勉強でも常に俺が教えてやってるから。

「なんだい、夏休みの宿題は」「観た映画の感想文を書く」「ふーん、何書くんだい」「アマデウス」「芝居と映画の比較を書け」「えー?」「高校の教師なんてな、映画は見ても芝居なんか絶対見てないんだ、お前の書く文章に文句言えるはずがない」

子供と共に常に戦ってきたの、目の当たりに見てるから。母親には反抗しても、私には絶対反抗しない。(子供は)谷啓ファンになっちゃったの。もともとは昔住んでた中野で「クレージーキャッツ十周年記念大冒険」て映画を一週間レイトショーでやってて。最終日にしか観に行けないな、行こうと思ったその朝、嫁が「今日同窓会あるから秀次郎お願いね」「嘘~、俺、映画観に行きたいんだよ」。映画は観たい、子守りはしなきゃならぬ、どうすりゃいいんだよ!

「秀次郎、今晩父ちゃんと一緒に映画観に行くか?」「何の映画?」「特撮映画(笑)」一応円谷英二特撮監督で。「じゃ、行く」まぁ、退屈で寝ちゃったら、あとおぶって帰ればいいんだから、そう思ったらバカハマり。この手の映画好き？　じゃあ日本映画専門チャンネル頼んで、いろんな映画送ってもらったら全部バカ受けで。

それで、浅草東宝でクレージーキャッツ特集に秀次郎連れて行ったの。小学校一、二年ですかね。窓口で東京都条例により十八歳未満の方はお断りって「おい、てめえ、誰に向かって口聞いてやがんだ。え？　町内に住んでて快楽亭ブラック知らねえのか。東京都条例、知らねえで子供連れて観に来たと思ってんのか。東京都条例ってのはなあ、十一時過ぎたら十八歳未満は映画見ちゃいけねぇって条例だろう。こっちは九時から朝の四時まで五本立てのうち、最初の一本だけ、ええ？　オールナイトに子供割引ねえんだぞ！　こんな子供でも一人前の千五百円払って一本だけ観てきれいに帰ろうって、こんな結構なお客さんをてめえの一了見で追い出すのか、支配人のとこ行ってなぁ、この親子連れどうするか聞いてこい！　この薄馬鹿野郎！」（師匠の声の勢いで店中がこちらを向く）

「失礼いたしました、どうぞ」「あたりめえだ、この薄馬鹿野郎！」ここで見てますからね。自分が観たい映画を断られた父親が、刃向ってくれたのを見てるから、そりゃあ子供はさからいませんよ、父が命かけて戦ってくれた。

相山　御著書によく息子さんのお名前が出てきます。ご一緒に映画にお芝居に、ずいぶん仲が良いんだなと。自分の仕事や趣味にかまける父親が多い中で、お優しいというか、ちょっと驚きました。小さいときに自分のために戦ってくれたり、優しいお父さんを見られるのは幸せです。

ブラック　勘三郎みたいに父親がヒーローになれないから、母親から映画は教えてもらったけど、芝居の魅力は教えてくれなかったから。上質な最上級の娯楽は教えてあげようって。

相山　映画や芝居は、自分の世界が広がるし、モノの見方も変わります。なるべく小さいうちからいろんなものを見聞きするって大事なことですね。言葉も知れますし。

ブラック　弟子育てるときにいつも思う、ざけんじゃねえぞ、この野郎。言葉遣いが違うんです。俺は秀次郎に漢字の読み方違ってるぞと、注意したことはあるけど、言葉遣いが違ってるぞって言ったことは一言もない。大学出て、なんで日本の正しい言葉遣いが分からねえんだ。へたすりゃ、コンビニの外国人店員が一番正しい。日本人の店員の言い方は多々間違っているのはあります。

母親は寄席

相山　寄席とホールでの落語の感覚は違いますか。

ブラック　立川流になっちゃって、談志は「寄席に出ない」落語協会は「出してやらない」主観の違いで寄席は余一会[1]。そこにかける想いはやっぱりふるさとに帰って来たって感じで、芸を全力投球で演る。落語協会・落語芸術協会の方三百六十五日の延長、当然われわれの方がウケるんです。それは競馬でね、地方競馬のジョッキーと地方競馬の賞金格差、全然違うんですよ。ＪＲＡは最低でも一等賞金が四百万円くらいかな。一着取るのに四百万てことは勝つと騎手に二十万円、馬主が八割取る。地方競馬は一着勝負に十万円、騎手五千円なんです。だから地方競馬のジョッキーがたまにＪＲＡ乗ると、あの地方競馬の重賞レースより高い賞金だから、命がけで追うんですよ。それと同じくらいの了見でわれわれは余一会に挑んでましたけど、それは大の月だから(三十一日の月)年間七回、でも毎回呼んでもらえる訳じゃないからね。

それが縁あって名古屋の大須演芸場に出るようになって毎日二回ずつ落語ができる。ふるさとへ帰って来たなぁ、俺たち落語家にとって師匠は父親で、母親は寄席だったんだ。両親が離婚して父親の親権に入ったために、母の愛にずっと飢えてたけれど、母の愛ってこんな心地良かったんだ。基本的に独演会とかプロデュース会ばかりでしょう、私みたいに危ない奴、使う奴いないから。川柳師匠と私の関係がそうですからね。川柳は絶対自分の会に私を使わないんです。私が使うだけ。

大須演芸場に出ると私が責任を追わなくていい。観客動員にも芸に対しても自由。ネタおろしでも、稽古したいネタでも、それも稽古した後に独演会にかけるから、完璧に仕上げなきゃいけない。そこまで寄席が稽古代わりに使える。たとえつまんなくても責任は、出演者の何分の一で割ればいいんだから。あぁ寄席っていいなぁと。

相山　負担が軽くて、居心地が良くて、稽古代わりに使える。

ブラック　しかも、その日その日のニュースにも対応できる。

勘三郎が死んだときに、お客さん二人しかいなかったけど勘三郎を想いだして「文七ぶっとい」ぶっといが私らしいけどね、元結じゃなくて。

誰にも稽古付けてもらってません。もともと打ち上げでいつも行く居酒屋のおかみさんが来てくれたとき「なんだ来てくれたんだ、私トリだったから、来るなら来るって言ってくださいよ、文七元結かなんかやったのに」「じゃあ今度行くからやって」

うっかり来るときに文七元結演るのにって言っちゃったけど、どうしようってぼやいたら(立川)雲水が「どうせ師匠のことだから、文七ぶっといかなんかいいなはんのやろ」あ、それいただき、じゃあ文七ぶっといって名前の落語を創ればいい。そっから発想して。

でも自慢じゃないけど、他人の文七元結を聞いたことがなかったの。どうすんだ？　パロディでも文七元結なんて聞いたことないぞ。あ、でも歌舞伎はめっちゃ観てるんだ、じゃあ歌舞伎のまんまやればいい。そしたら、ネタ下ろしのときにやっぱり気がついたお客がいましたね。

「師匠、家元じゃないですね、志ん朝師匠でもないですね。圓生師匠でもないですね。先代中村屋でしょ?」ってよく分かってる。ただ(劇中セリフの)やたら「死ぬんじゃねえぞ、死ぬんじゃねえぞ」ってしつこい。他の噺家は誰もやらない。

相山　大須演芸場の顔付け(出演者)を選んでいるのは……。

ブラック　海老名さん(林家)。実際は誰か一門が選んでいる。なんか香葉子さんに相当憎まれているらしくて、私が居る限り快楽亭ブラックだけは……(笑)。

僕ら落語家だってバレるの嫌で。自分の中で落語家のイメージあるから、名乗ったらそれを演じなきゃいけない。それが大須演芸場の強制執行当日[(2)]やったら、ＮＨＫから民法各局ニュースのそれもトップニュースなんです。ちょっと前から半沢直樹で（片岡）愛之助の人気がブレイクして、愛之助座長公演で松竹座が一か月。さすが視聴率四〇パーセント男。何やってんだい、こちとら一人で一〇〇パーセント男だ。もう行くとこ行くとこで、「テレビ見ました。落語家だったんですね。いつもあんな大人しいから全然気がつかない」東海三県で異常に知名度があがっちゃった（笑）

大須演芸場の足立席亭、強制執行の入了時間の高座に、よく私を指名してくれたと。でもその指名を裏切っちゃった。私は国家権力の味方です、いいですか執行する方に正義があるんです。こっちは無法に居直ってて、みなさん国家権力に逆らっちゃいけません。そう言わないとあそこで、お客さんに逮捕者とか出たらね。そこで突っ張ってもね。

寄席のワリ

相山　入門時は早く真打になって寄席のトリを取りたいと思いましたか。

ブラック　それより映画好きだったから。落語家は一日の労働時間十五分だから、思いっきり映画が観られると。私がバカだったのは、マーケティングリサーチしなかったこと。十五分で当時初任給三万円の時代でしたから、一日十五分で三万円もらえると思った。三十日で三万円。じゃあ八時間働くより、十五分働いた方が効率もよく、その間に映画観まくってと思ってたら、十五分分は十五分なりのお金しかもらえなかった。

昨日の「川柳の芝浜」初演のとき、なんか噂を聞いたのね、川柳師匠が。「ブラックが俺をネタにするらしい」で、ゲストでもないのにやって来て客席の真ん中に座ってるの。自慢じゃないけど、一切取材してませんよ。川柳師に今までの付き合いで想像して。でもあまりにもリアルで、だんだんだんだん落語やってる最中に隅の方に移動してって、途中でいなくなちゃった。聞けなかったんでしょうね、あまりにリアルな自分の姿に。

終わった後、ぼそっと「ケトちゃん（川柳師匠はブラック師匠をこう呼ぶ）、悪いけど違ってるところがある。俺一日三千円ももらってない。一日千円くらい」

その千円も交通費自腹ですから、サラリーマンとは違って。私浅草に住んでるときは浅草演芸ホールはタダ（で行ける）だけど、池袋（演芸場）だったら往復三百円くらい。遠くに住んでて、浅草演芸ホールや上野鈴本とかだったらほとんどなくなっちゃうじゃないですか。

相山　寄席のワリ（出演料）ってどのくらいなんですか。

ブラック　十五年くらい前に、ＮＨＫ-ＢＳが私のドキュメンタリーでちょうど今と同じ話をしたの。寄席のワリはって。たまたま上野広小路亭へ行って、落語協会、落語芸術協会は知恵がありますから、大の男にコインだけは渡せない、せめてお札で渡さないと。で、落語協会は二日に一度、芸術協会は五日に一度のワリになったの。

相山　昔は毎日だったのですか。

ブラック　うん、毎日。まあ百円札、五百円札はあったけど、永谷は新興の寄席だから。十日間同じメンツで出るわけでもないから、貯めるということで、一日のギャラをたまたま行ったときにまとめてくれるんです。ＮＨＫのスタッフの前で開けたら中身が九百五十円だった（笑）ＮＨＫが呆れて、で私は呆れてたＮＨＫに呆れちゃって。「だから言ったじゃない、寄席のワリは安いよ」と。人の話をジョークだと思ってた。追っかけしてて真摯に答えてるのに、それジョークと思われたら堪ったもんじゃないですよ。

相山　信じられないんでしょうね。

ブラック　特にＮＨＫなんか高給取りでしょうからね。

芝浜嫌い

ブラック　よっぽど落語が好きなんですね、私の場合は。映画とか歌舞伎で落語ネタをやる？どうやるの？　興味があって観に行く、これをやる奴が少ない。うちの弟子も含めていないです。

相山　以前に歌舞伎で「芝浜」を見たときの、おかみさんの演出がいやでした。

ブラック　「芝浜」自体がどうしようもないストーリーだからね。左談次兄貴とかなんでやりたがるんだろう。私の芝浜は完全なアンチテーゼ。あの噺をバカにして、酒飲みが酒飲むのをやめたために、小市民的な幸せを得ました。そんな噺どこがおもしれえんだよ。

家元は商売だ、金になるからって。そういうもんじゃない。いけないんだ。だっていろんな人間と付き合った。友達になったり裏切られたりいろいろあるけど、唯一私を裏切らない、私もあいつを裏切らない。人生の友は酒ですよ。友を裏切るような、ネタは絶対にしたくない。やっぱり談志は酒好きじゃないからできる。

相山　そんなにお強くなかったと、睡眠薬とビールって飲み方を伺いました。

ブラック　薬の力を借りないと、いい飲み方できなかったんだろう。芝浜はいやだ、文七元結も悪くないけど、芝浜だけはやりたくない。「禁酒」がテーマだから。酒嫌いな奴がやるんならともかく、酒飲みがやる、なぜ気がつかないんだ。

私は人を見る目がありますから、大病の主治医が女医だったんです。こいつはダメだと思ってサブの男の医者に「これ、どうなの？　退院した後お酒は」「ああ、深酒しなかったら問題ないです」やっぱ俺の人を見る目はできている。なんか主治医に言ったら「ダメに決まってるじゃないですか！」とか言われそうだから。

今までいろんな人と付き合ってきたけど一番最高だったのは、うちの近所の整形外科医。骨折して行って、「先生、これからなんですけど、お酒……」「バカなこと言うなよ、君！　骨折した患者に酒飲んでいいって医者がどこにいるんだい。でもね、君の質問は僕は聞かなかったことにする」ちょっとこいつ信用しちゃって、それから彼とはそうとう蜜月関係。私が病院行かなかったら連絡来てね、女郎やホステスじゃないんだから。

「なんで来ないの？　朝一で来ると思ってね、ギプスの用意してる」「ちょっと二日酔いで午後行こうと」「いや技師を待たしてるんだから」「じゃあ行きます」

そのお酒飲んでいいっていう医者がどこにいるんだよっていう割に下戸。

相山　飲める飲めないじゃなく料簡。
ブラック　そうですよね。私タバコ吸わないけど、やだもん今の風潮は。これがいつ酒になったらって恐怖感がある。
相山　嗜好品だとそうですね。よろしければ、どうぞ（メニューを渡すが、間違って天地逆に渡してしまった）。
ブラック　どうせ漢字読めないと思って（笑）

勘三郎と文七元結

ブラック　歌舞伎の子供たちは今の勘九郎も七之助も、他の子どもたちだったらウルトラマンとか仮面ライダーがヒーローだったけど、お父さんがヒーロー。稽古でどんな厳しいこと言われても。
相山　勘三郎さん、不思議な役者さんでしたね。
ブラック　嬉しい役者。家元ともいい関係で、彼と家元との会話を聞いてると、やっぱり志の輔以下はね、家元目線になって。家元と友達だから、最近芸がよくなりましたね、みたいな上から目線で見てるんだけど私はそうじゃない。私はむしろ家元より別格だから。日本全国どこでも観に行くんだから、私は御贔屓様。（勘三郎の）せがれは私の大ファンだし。
あの最後の月、四月に平成中村座で十一月から五月まで連続公演したときに、四月にうちの子供の高校入試祝いと勘九郎の襲名祝いで、じゃあちょっと町内の焼肉屋で合わせてお祝いの会やろうって。そこで勘九郎から「いや、ここだけの話ですけど、来月三社祭の日に神輿出すんです」インサイダー情報いただいて暫くして、私が東京公演のときに文楽の若手を可愛がってて、年間四回ご馳走してやってた。

ちょうど勘九郎最後の舞台に文楽の若手と待ち合わせしてて、いつもは時間に早い私が、ちょっと遅れて早く行かないとと、車道歩いてたらプップーて。あ、俺邪魔だったんだと慌てて歩道に上がったらクラクション鳴らした車の窓が開いて、運転してたのが勘三郎で。

「びっくりしないでよ、『歌舞伎はこう見ろ』こんな本書いてたんだ。初めて知ったよ、今日から読みます」

いやいや明日芝居観に行くんだけど、それが三社祭の日だったのかな。そこで別れて気になったから読み直したんだ。文七元結をボロくそに書いてて「山田洋次に言われてからこいつの芸はおかしくなった。で、談志もいけない。今、文七元結やらしたら俺が日本一」嘘！　俺こんなこと書いちゃったの。どうすんだよ。翌日観に行って休憩時間のあの歌舞伎座の密室空間、たまんないから表に出てったら番頭さんが来てね。

「うちの旦那からのお言づけです。文七元結おっしゃるとおりです。今後ともご指導ご鞭撻のほどよろしくお願いのほどを」って手拭い渡された(笑)

だから私が書いた後の文七元結を観たかった。修正されているのかどうか、山田洋次は長兵衛は寅さんだ、またこいつは博打やっちゃうに違いないんだ。いやそれは結果論、そのときの長兵衛はその後なんか関係ないんだ。それを何もわからないで。

相山　長兵衛さんは、その場その場で。

ブラック　そう。その後のことは芝居に関係ないじゃん。その辺も談之助も同じことといってってね。インテリの深読みでね、絶対違うの。関係ないんだ、俺たちはその場の感情を演じればいいんだ。その場だったらその後の「続・文七元結」とかやりゃあいいだけの話。だから一番長兵衛を論理的に考えたのは私だと思いますね。自分がどうしようもなくって、死のうと思ったけど死ねなかった。で、直近で文七というさっきの自分を見た、論理で説き伏せたいんだけど悲しいかな、論理がなくって説き伏せることができない。金を叩きつけることでしか、こいつを見逃したら自分が死んじゃうんだから。ここまで論理的に考えたのは俺だけだと思う。

相山　自分を助けるために助ける。著書にもありましたが、なぜ博打が終わって帰ってくるのが夕方なのか。

ブラック　あれ誰も考えてないでしょ。

相山　中間部屋も仕事があるから、夕方までいられない。あんな恰好でどこへ行くんだろう。死にたいのに死にきれず長屋に帰ってくる。本来なら朝一に帰ってこないとおかしい。

ブラック　それが論理的。ともかく寝たいが普通の精神状態だけど、日が暮れるまで帰ってこないのがそこ考えるとそれしかない。また負けちゃった、俺が生きてたら今後まわりにどんだけ迷惑をかけるか分からない。

相山　けっこうあれ？　どうなってるのかなってとこはありますね。繰り返しになりますが「芝浜」はご自身のお考えですっきりしないからやりたくないと。

ブラック　やるとしたら、家元は映画はビリー・ワイルダーって言ってますがね。私はそれをパロって日本映画、マキノ雅弘監督が芝浜をやったらっていう答えを自分で見出したら、やらないことはない。人情噺「柳田格之進」とか平気でできる。僕は柳田格之進は民進党の岡田克也で演ってるんだけど。芝浜だけは嫌。救いがたい。あのテーマだけは絶対やりたくない、酒を裏切りたくない。仁左様（片岡仁左衛門）は好き？

相山　はい。

ブラック　平成中村座の若手公演、忠臣蔵で仁左様が不破数右衛門だったの。今まで見た不破数右衛門、何だったの！　もう誰にも合格点つけられなくなった、凄すぎるこの不破数右衛門！

相山　貴重なお時間をいただきありがとうございました。お気遣いも恐縮しております。

ブラック　ええ、単なる酔ってるだけで……。

インタビューを終えて

今回のインタビューで感じたことは、私が予想していたことと少し違っていた。ブラック師匠は意外と子煩悩で、息子さんを守ったり、勉強のアドバイスもしたりととても仲がいい。上質な、最上級の娯楽は教えてあげようと、お互いの映画や芝居の趣味が合ったのも、幸せなこと。今時、大学生の息子とふたり旅をする父がいるのだろうか。

「息子は友達」

息子と言いながらも、一人の人間として付き合っている。そうして、一瞬一瞬を楽しんで生きている。

「急ぐ必要のない人生」「遅く行くに価値」

青春18きっぷで車窓を楽しみ、稽古をし、一駅ごとの出来事に想いを馳せる。とても上質な大人の楽しみ、成熟した感性。師匠の芸人としての生き様と、真逆のように感じた(ごめんなさい!)

そしてお話を聞けば聞くほど優しい人。

「師匠、お優しいんですね」

「あなた、今頃気がついたの?」皮肉も忘れない。

気遣いには驚かされた。インタビューのあいだに、三時間半ほどで師匠はボトル一本を空けた。帰りを途中までご一緒することになり、渋谷駅のホームで、

「あなたどこで降りるの?」

「神保町です」

「どこまで行くの?」

「(とっさに意味が分からず)?　神保町です」

「あなた神保町から乗り換えるんでしょう？　次の乗り換えに歩かないように、ホームのどのあたりから乗ればいいの？　私は先頭まで行くのが乗り換えにいいんだけど、そうするとあなたを歩かせることになるけど、いいの？」

驚くより衝撃に近かった。あんなに飲んでいるのに、こんなことまで気が利くなんて。本当に体に染みついている、修業の恐ろしさを感じた。

車中でも

「家元の噺は何が好きなの？　何のフレーズが好き？」

こちらのセンスを見られる瞬間。師匠の会話は鋭く、ふっと気を抜いた隙に核心を突くことを聞いてくる。

芸人さんの噂話もたくさん伺ったが、片方の意見だけ聞いちゃいけません、ニヤリと笑う。

芸風だけでこの人を判断してはいけない。

註

（1）　余一会。月の三十一日のみに寄席で行われる特別興行。

（2）　大須演芸場の強制執行。二〇一三年四月、演芸場の土地・建物の賃料の支払いが滞り、所有者が建物の明け渡しを通告。強制執行を名古屋地裁に申し立てた。二〇一四年一月三十一日、最後の有料興行を行う。翌日より無料興行を実施。二〇一四年二月三日、二代目快楽亭ブラックによる「お血脈」の公演途中に執行官が到着し興行を打ち切る。その後、強制執行が行われ、開場から四十八年半の歴史に幕を下ろした。（ウイキペディアより）

［取材日、二〇一七年十二月二十五日、渋谷吾照里にて］

第三章　立川左談次師匠

古典落語への想い

相山　先日「サイレント落語・長短」を伺いました。「まんじゅうこわい」も渋谷でされたと伺いました。なぜそのネタをお選びになったのでしょう。

左談次　一番簡単だから。声が出ないでしょ。だから、たたみかけるようなのは絶対的に無理なんですよ。要するにね、啖呵を切るとか、道中付けをしゃべるとか。簡単に言えば、寿限無を全部言えない声の調子なんで〝寿限無寿限無五劫の擦り切れ……〟なんて言えない。声が続かないから、センテンスの短い言葉を選んで。

「まんじゅうこわい」も、あれがこわいこれがこわいで、擬音簡単。そんなに複雑な噺じゃないでしょ。お客もよく知っている、それが大前提かな。お客がよく知っているから、言葉数が少なくても理解しやすい、というのはあります。

あと「長短」はしぐさが多いから。しぐさは別に声出さなくても大丈夫なんで。なかなかネタがないんですよ。探してるんですけど、本当に。

相山　いま、そのお身体で落語をなさるということは、古典落語への執着でしょうか。

左談次　執着かなぁ、いや、それほどのもんじゃないんだけど……息抜き。なんなんだろう、高座に上がって、お客の顔を見ているのが好き。まぁそれをお客が許せばだけど。〝馬鹿野郎、お前なんか来るんじゃねえよ〟そう言われれば、ごめんなさいと言って引き下がるしか僕らは手がないんだから。幸いにして、いいお客というか、優しい、懐が深い、そういうお客さんに恵まれてる感じがするんでね。ま、僕ももうそんな長い間(落語は)できるとは思ってない。だからまあまあ見世物ですよ。高座に上がって、座ってにっこりしているという、変なじいさんがいるなという、それが究極の噺家の、僕の考えるスタイルなんです。理想形ね。志ん生師匠が眠ってんの、にこにこ見よう、そんな感じ。

(楽屋のポスターに、談志師匠の昭和三十二年録音のCD「談志32歳・家元の軌跡」が載っていた。その〝立川談〟の字まで指さして)

俺、こういう字を見ると、ビビる(笑)。こんなんあったんだ。東宝名人会、(音)持ってたんだ。一九六八年、三十二歳でしょ。俺、師匠が三十三のときに弟子入りしたんだから、ひっかかってるな。(私に)いいよ、聞いて。

相山　落語の中に出てくる人間を演ってみたいという思いはありますか。

左談次　えーっとね、そういうの僕は嫌いなの。あの思い入れ、感情移入っての。その人の気持ちになって、ああ屑屋さんの気持ち、おかみさんの気持ちになってなんて思われるのは大っ嫌いなの。芝居っぽくなっちゃうの、落語じゃないと思ってる。高座で芝居をしちゃう人がいる、困っちゃうの。ただ、なんていうのかな。落語の口調と本当のお芝居と全然違うものだと思うんだけど。落語の口調ってこうやってこうやってこうやって、感情を創っていくもの。お客が勝手に思うものでね、あまり演者自体が〝おまえさん……〟って好きじゃない。それは技術としてあってはいいことなんですよ。持ってなきゃいけない。へたくそって言われんだから。なんていうのかな、あまり感情移入する落語は好きではない。

そう、軽い感じでね。人情噺なんかそういうのは苦手。あのやっぱり八っつあん、熊さんって、ああいう噺の方が能天気でね、馬鹿っぽくってああいうのがたまらなく好き。いろんな芸人がいるからいいんですよ。

立川左談次師匠

相山　ご病気になる前と、いまとでは落語に対する思い、おもしろさというのはお変わりになりましたか?

左談次　高座がね楽しくなった。一席一席が、そうできないでしょ。なかなか入院したりなんかしたら高座上がれないから。一席の高座を大切に、そういう気持ちは強くなった。一席演って死んじゃうかもしれないんだから。そういうのね、凄く。まぁ、いまのお客さんは優しいからね、真面目で明るくて素直でって人が非常に多い。それは僕にとってはありがたいことなんですよ。僕が入った頃っていうの、お客は本当に不良みたいのばっかりだったんだから。「寄場（よせば）」といって落語なんかやるのは、ちょっとひねくれた野郎が聞きに来るようなところだった。だって平日の昼間から来ているなんて、会社の営業でいたくらい。やくざとかね、遊び人とか、そんなのばっかりよ。

相山　いつ頃から寄席のお客様が変わってきたんでしょうか。

左談次　えーとね、うちの師匠が「笑点」を始めた頃かな。

（ここで快楽亭ブラック師匠楽屋入り。お客様のご夫婦から頼まれたと左談次師匠にお年玉を渡す。左談次師匠、「夫婦でお年玉ひとつってどういうこと？」と笑う。）

左談次　独演会が流行り始めて、お客のマナーが変わって、みんながね、やりだすようになった。いま若い人はね、みんな独演会やってますよ。僕らの頃はね、やる人なんて圓生師匠でも、志ん生師匠でも、年にいっぺんとかそのくらいのもんですよ。

相山　大師匠なのに、ほとんど寄席での出演だけで。

左談次　それも寄席で独演会。余一会で、そういう感じですよ。ホールを借りて演るなんて、全然。だから僕らは、（談志）師匠から言われて、弟子三、四人で師匠がホールを借りてくれて「お前ら、みんなやれ」みたいな感じで。だから僕ら早かったかもしれない、立川流の一門は。

そういう面では師匠は先見の目というかね、あった感じがしますね。（落語）協会にいるときから。だって僕は協会出たのは真打になってからなんですから。それまではやってましたから。談志三十二歳（一九六八年）の頃にはやっていた。考えられないよ。師匠が会場費を払ってくれて恐ろしいでしょ。（談志師匠はお金に細かい）どんだけ僕らがプレッシャーがかかったか。それ書いといてね。

いま僕ね、ものを食えないんですよ。食道でつまちゃって、（シャツを脱ぎながら）こういうものをつけて、胃ろう。体力がないの、暴れられない。で、仕事も無かったですね、昔は。キャバレー（司会の仕事）とかよく行きましたよ。僕らの時代までかな。うちの師匠なんかもキャバレー行ってましたね。

ブラック　昨日（立川流の）新年会行ったんだって？

左談次　寒くてよー。

ブラック　無理して行かなくてもいいのに。

左談次　くたくただよ。お墓がさ、陰っちゃってさ。冗談じゃないよ。（談志師匠のお墓詣りに行かれたとき、日が陰っていて寒かった。）お年玉渡しに行ったようなもんよ。馬鹿馬鹿しいったらありゃしない。（立川流の新年会は談志師匠の誕生日に合わせて一月二日に行われる。お弟子さんは談志師匠のお墓詣りをすませてから、新年会となる。）

師匠と弟子（1）

相山　さきほど、感情移入する落語は芝居みたいでお好きじゃないと伺いました。

左談次　きらい。いい悪いじゃないんだよ、自分の趣味、好みだから。

相山　家元は感情移入なさる落語がありましたが。

左談次　晩年だよ。初期の頃はそんなことなかった、みんな知らない。晩年の「芝浜」を見ちゃうと〝感情移入してるから、凄いんだ〟って。その晩年だけで評判というか、評価を下しちゃいけないと思います。

相山　（落語）協会をお出になってしばらくは、さらっとした感じで落語をなさっていた。

左談次　当人もその方が好きだって言ってた。当人の好む噺家もさらっとやる奴が好きだった。ただ、あの芝浜は特異な例。あれは気が狂ったとしか思えない。普通の噺家ならダレる[1]から、ああいうやり方するとね。

相山　急に変わったのですか。

左談次　急に変わったたって言うか、なんか感ずるところがあったんでしょう。奥さんの病気もあったことだし、家庭内もいろいろあった。感情、乗せられるかな、みたいなところがあったと思いますよ。でも「談志論」であれです。

相山　では入門前も今も好きな落語は変わっていない。

左談次　俺ね、落語一席もできなかった、入門する前。ほとんど落語知らないに近い。三年くらいしか通っていない。深いところは全然わからない。
相山　軽い噺がいいと思って、談志師匠に入門されたのですか。
左談次　いや、そうじゃない。師匠んとこ入ったのは『現代落語論』(2)を読んで騙されて入っちゃった。あんな嘘ばっかり書きゃあがって。入ってみたらたら大変。ただね、〝食えなくてもかまいません〟って、つい口から出ちゃったから。師匠はしっかり聞いてたから、ほんとに食えないよ、言わなきゃよかった。
相山　当時のお仕事は。
左談次　売れてましたよ。だってうちの師匠は一番売れてる頃は、大阪のラジオもやってたし、(橘家)圓蔵師匠(当時・月の家円鏡)とも、他にテレビの歌番組の司会もやってたし、映画も出たし、まあむっちゃくちゃ忙しかった。でも寄席は出てましたよ。
相山　十日間ずっと。
左談次　二、三日は抜いてたけど(休演)、だいたい出ましたね。ただ出番の時間には出なかった。俺が来たら、俺の出番(笑)
相山　スーツで漫談をされた頃ですか。(談志師匠は寄席にてスーツで立って漫談をされていた)
左談次　いやスーツで漫談も演ることがありました。でもたまーにですよ。あれスーツをね、見せびらかしたかったの、楽屋に(笑)。すっごくよかったんですよ、入った頃は。軽い噺はね、「野ざらし」とかね、「お血脈」とかね、「根問」とかね、前座噺風みたいのとか。ま、地噺は違うけど、軽い「三人旅」とかすごくよかったですよ。調子が良くて、じゃまになんなくて、上手かったからね。それでへんなギャグもあんまり入れなかったしね。

相山　俺が談志だ！　は出さない。

左談次　そうそう。自分でどうだ！　みたいな、こんな田舎者みたいなことはしなかった。誰が田舎者かというと、言わせるな(笑)

師匠と弟子(2)

左談次　お稽古はね、よくやってくれました。十くらいは教わってますよ、忙しい合間に。でもね、途中で噺が変わっちゃうんだよね。同じ噺なんだけど、〝あの師匠はこういうやり方、あちらの師匠はここはこういうやり方、そちらの師匠はこういうやり方〟みんな教えてくれるから。聞いてる方がわかんなくなっちゃう。あとでまとめんのが大変。で、音に録らしてくんなかったから。全部頭で覚えなくちゃいけない。テープ録りはダメでした。

相山　書くのは。

左談次　書いてたらひっぱたかれる。俺速記者じゃないし。

相山　本当の三遍稽古(同じ噺を三回に渡って稽古をつける)なんですね。

左談次　三遍じゃない、だいたい一回二回、一回だね。で、次にやってみろって言われる。ほとんどできない。うっ、(つまる)つって。〝最初(はな)はどうしたんだよ〟、〝ええ……〟、〝これこれこうだろう〟、〝ああ、そうそう〟。そういう稽古。だから一字一句覚えなくっていい。(三遊亭)圓生師匠のところは、てにをはも、きっちり覚えないと。うちの師匠は〝お前が言葉を探して来い〟〝お前が言葉を創れ〟というそういう教えだったから。

相山　個人の了見に委ねるのですね。

左談次　だから教わったまま演ってもおもしろくないだろう。ま、それ信用してるか、投げてんのか分かんないけど。多分投げてたんだ(笑)まあこうやって、上下(かみしも)はこう、下向くな。あご上げて、この辺から声を出せ(鼻の上の骨のあたり)。あと、隠居のところに〝こんちわー〟って入ってく間をね、〝こんちわー〟、〝はい、誰?〟、〝こんちわー〟って言って〝ええ、私です〟、〝お、お前か〟。いろんなパターンを導入部だけでも、それも二十個くらいは教えてもらって、自分の好きな間で入れ、そういう教え方。だからフリーですよね。好きなようにやんなさい。それ、上手い人はちゃんとできるけど、僕みたいな人はめちゃくちゃになっちゃうという基本です。

相山　どなたにもそういう稽古をされるのですか。

左談次　初期はね。だから僕らは師匠に教わっても全然わかんないし、兄(あに)さん方に、ちゃんとした人に教わって。本当のやつを教わって、それで覚えて自分の加えて、という作り方を。あとは、芝居(寄席の興行)が始まる前の日、お前の好きな噺、できる噺を全部書けって言われて、落語の外題をね、わーっと俺たちは書く。で師匠が見て、〝じゃあ明日からここに書いてない噺を、毎日違う噺をやれ〟という稽古。前の日に覚えて、次の日に演る、鬼のような稽古をしました。客は災難。池袋（演芸場）、師匠がトリで僕ら三、四人前の方に演る。全員今日覚えて明日演る。だから打ち上げ行っても飲まない。厳しい厳しい。そりゃあ、できなくて当たり前なんだ。でも客前で演るのが稽古なんだから、ていうこと。やりましたよ、怖かったけどね。高座に上がるの、恐ろしいよ。寝られないよ、覚えてっから。そんなもんかな。

相山　お時間ありがとうございました。

左談次　どうもどうも。

インタビューを終えて

立川左談次師匠に今の声をお聞きしたかった。どのような思いで落語をされていらっしゃるのだろうか。でも、ご体調を考えるとためらった。しかし、ある師匠に「アンテナの張り方を間違えちゃいけないよ」とお言葉をいただき、思いきってインタビューをお願いしてみた。

左談次師匠の落語はご本人同様、明るくてふわふわしてて、軽い。調子がよくてじゃまにならない。洒落も効いてるし、カッコいい。江戸前の落語だと思う。

インタビューを始めて、落語の話になると明るさが一転して、目の奥が光る。一瞬だがとても厳しい光を感じた。ただ、すぐにいつもの左談次師匠に戻られた。

出番前のお時間にお話しいただくことや、ご体調はどうだろうかとやはり気になる。そんな私をさらに気遣ってくださり、時間まだいいよとか、ご自身から談志師匠からの若き日の稽古風景などをお話し下さった。

数十年前の話に情景が浮かぶ。修業とは、かくも厳しいものなのかと毎回思う。しかしそこは左談次師匠、話の中にも常に笑いが顔をだす。「ダレるから」、「テレちゃうでしょ」何度か出た言葉。シャイな師の素顔が見れたようだ。

初めての楽屋でのインタビュー、これが楽屋の会話、明るくて楽しくて馬鹿馬鹿しいのがいい。とっても茶目っ気のある師匠。芸人さんたちの会話は、普段から間がいい。そうして上下関係や修業の厳しさも感じた。左談次師匠の落語に対する想いを知った。

今のご自身に合う落語を選び、格闘している。達観しているようで実に清々しい、あの笑顔までにどれだけの苦悩があったのだろうか。

これを読んで下さった皆様に、もっともっと左談次師匠の落語を聴いていただきたい、そんな想いでいっぱいです。立川左談次師匠、本当にありがとうございました。

註
（1）気持ちがゆるんでだらけること。
（2）一九六五年、立川談志二十九歳のときの書籍。これを読んで衝撃を受け、多くの若者が落語家になった。

［取材日、二〇一八年一月三日「左談次・ブラック二人会」の出番前の西新宿ミュージックテイトさんの楽屋にて。

二〇一八年一月十二日「渋谷らくご・ふたりらくご」の出番前のユーロライブさんの楽屋にて。立川左談次師匠は二〇一八年三月十九日逝去。享年六十七。］

第四章　立川龍志師匠

弟子入り

相山　龍志師匠から見て落語の魅力とは、どこでしょうか。

龍志　魅力ねえ……私は落語を聞いて、ただ面白いから入ってきたようなもんです。ここが魅力だからって飛び込んできたわけじゃない。志ん生(1)という人が好きで、それを聞いて、こういう人のようになれたらいいなと飛び込んできたんで。本来ですと、志ん生師匠が好きなんで、志ん生師匠のところに行きゃあいいんですけど、高齢で高座にも出てないくらいだったんで。やっぱりそうなると誰か……。

相山　若い人。

龍志　使ってくれるっていうか引き取ってくれるような人、と。当時、聞きに行っててやっぱりいいなと思ったのが志ん朝師匠(2)とうちの師匠(3)しかいなかったんですよね、そう思う落語家が。なぜかはよく分かんないんです、その人たちだって、どういう師匠なのかわかんない。ただ、聞いてみてて、全然違うんです、他の人と何かが。何かが違うんです、それが何が違うかっていうのは言えないんですけど、感ずるところが違ったんです。

相山　その何かを、このお二人だけが持ってらした。

龍志　ありました。何か、高座が明るくなるとか。その人が上がると他の背景が消えるぐらいに、集中できて聞けるという。その二人ぐらいだった。そういうことがあったんで、どちらかの師匠がとってくれればと思って。ただ、そのときは、そんなに凄い人だとは思わなかったわけですよ。

相山　当時はお二人とも若手。

龍志　若手です、でも凄いんです。ただ怖いとか厳しいとか、入るにはいろいろあるわけじゃないですか。今みたいにインターネットで調べるとか、お弟子さんが何人いてとか、そういうことが一切、分からない。ないから、ただただ飛び込んでいったというだけで。本来は志ん朝師匠のところに、志ん生師匠の息子さんですから、そこ行きたかったんです。本で調べて、この辺に住んでんじゃないかなと思って行ったんですけど、なかなか家から出てこない、会えないんです。

相山　当時は書籍の裏に著者の住所が載っていました。

龍志　結構、出てましたね。本当は寄席に出てんならそこ行きゃいいんでしょうけど、やっぱりちゃんとお宅へ行ったほうがいいんだろうと。で、家に行ったけど出てこないんで、しょうがないからってことで、それで談志師匠のところへ。こうなったら何でもいいから行っちゃおうと、ちょうど浅草の演芸ホールへ出てるときに飛び込んでいって「お願いします」って言って。そしたら、「生まれはどこだ」って聞かれて、「東京です」「鐘ヶ淵っていうところです」ったら、「じゃあ、訛らないいな」って言うから、「へえ」っていうんで、「じゃあまた明日、来い」と。その日、浅草演芸ホールで別れて、またここへ行くのかと思ったら「放送局へ来い」って言うんですよ。場所はこうこうこうだから勝手に来るようにっていうんで、探して、何とかそのスタジオへ。行って、「じゃあそこにいろ」って言うんで、ずっと待ってたんですけど一言も口利いてくんないんですよ。

相山 居づらいですね。

龍志 「あ、だめなのか」と思ったら、また「来い」って言うんで、うちへ行ったのかな。

相山 談志師匠のご自宅へ。

立川龍志師匠

龍志 ええ。でもあんまり口も利いてくれないんだ、よく分からない、どうなっちゃうんだろうと思ってたんですけどね。

相山 不安ですね。

龍志 「付いてこい」って言うんで、一緒に行くところや寄席に付いてって歩いてたんですけど、だからって別に弟子にして欲しいとか、それについてはあんまり言わなかったんですけどね。どうしたらいいか、帰るときになったら「明日は」ったら「うちへ来い、また」そんでうちへ行って。

相山　ただ行って、そこにずっといるだけで。

龍志　ずーっと立ってるだけなんですよ。

相山　言葉も掛けてもらえないし、おつらかったでしょう。

龍志　何の会話もないですからね。で、おかみさんと二人きりでいろいろ話してるの、それずっと立って見てるわけですよ。食事したりなんかしてると「視界に入んな、俺の邪魔になるから」視界から外れるように玄関のほう、そっと行って、ぼーっと立ってると「ぼーっと立ってんじゃねえ、ごみ捨ててこい」とかね。そうして戻って来てまた、ぼーっと立ってるだけなんだよね。そういうのが続きましたね。そんなの結構あったな、長い間。

相山　どれくらいですか。

龍志　忘れちゃった。ただ、一生懸命、付いてたっていうのは覚えてます。

相山　そのとき、おいくつですか?

龍志　二十二歳。寄席に通って一年ぐらいですね。あちこちの寄席(4)に聞きにいって、それで入ろうと思って、師匠のところへ。私は落研(5)でも何でもないですから。学生時代に落語に凝ってたとかそういうのもないんで、何にも分かんないうちに、行きゃあ入れるんじゃないかと思って行ったんです。

相山　今より情報がないのに勇気の入ることです。

龍志　当時、『三週間で落語家になれる』って本があったんですよ。

相山　どなたがお書きに。

龍志　三笑亭夢楽(6)さん。そんなのを買って読んで、ああ、こういうもんなのか。一日目、二日目、三日目っていうんで、順繰りにこういうものをやってみるんだ、みたいなのを書いてあるんですけど、なんであんな本を出したのか。その当時あんまり、噺家が本出しませんからね。

相山　今より落語家さんの人数も少ない。

龍志　少ないです。当時出ていた、噺家の文章は、文楽師匠(7)の『あばらかべっそん(8)』とか、一応文化的な、落語家になろうというんじゃなくて、いわゆるアンツル(9)さんが書いた、そういう本しかないわけですから。

相山　芸術、芸談ですね。

龍志　もっとすごいものがあるとしたら、三遊亭圓生(10)全集とか。

相山　速記本(11)。

龍志　あんまり、ああいうのは素人買いませんから、プロになってから買うぐらいで。

相山　噺をそのまま文章にされると読みづらいです。

龍志　入ってから、こうなる、こんなんかって分かるんですけど、本だけで面白さはなかなか分からない。

相山　落語や芸談はあっても、入門や修業のことを教えてくれる本は何一つない。

龍志　一切ないですね。だから自分で飛び込んでいくしかいないんですよね。誰か知ってる人がいれば相談してみるとか、うちの師匠みたいに寄席の木戸周りのお世話(12)にという方法あるんでしょうけど、分かんないから。別に何をすることもないし、じゃあ、噺家にでもなろうか。いや、楽だと思ったんですよ。

相山　実働十五分とはよく聞きます。

龍志　そんなに厳しいとかいう内情は全く分かりませんから。だから、お給料とかそういうのもよく分かんないし。どうなってんだか。

相山　みんな寄席出てるんだから何とかなるだろうと。

龍志　御飯（まんま）食べてんだろう、と。だから、どういうタイミングでお金をもらうのか全く分からなかったですけどね。入った当初も全部自腹ですから。電車でも何でも行くのは。ご飯食べるのも自腹です。まして修業中ですから師匠は一銭もくれませんし、ただ厳しいこと言われて付いていくだけですから。どうなっちゃうのかなと思って、そうして入ってすぐですよ、寄席に入れてくれたのは。

前座名「金志」

相山　すぐってどのくらいでしょう。

龍志　少し経ってたかも知れないけど、寄席に見習いというかたちで。

相山　前座見習い[13]。
龍志「寄席に言っといたから、おまえ寄席行け」って言うんで。
相山　当時の芸名は。
龍志「金志」という名前。でも早かったな俺、名前付いたの。師匠の用事や、師匠が旅出るときも付いていくんですよね。確か大阪でした、入って二、三カ月くらいかな。
相山　談志師匠が大阪で切られた時[14]ですか。
龍志　その後ですね。
相山　龍志師匠が入門されたときは家元は議員でしたか。
龍志　いえ、まだ。立候補前ぐらいです。結局運転手。おまえ運転できるから来いっていうことで運転してたんですから。入門なのかどうなのか、運転手でっていうことんなって。
相山　選挙のことを考えていらしたんですね。
龍志　でも「履歴書持ってこい」って言われましたから。だから履歴書を持ってって、師匠が「どういう噺知ってんだ」って言うんで、いろいろ言うわけですよ。また、あんまり知らないような噺ばっかり出すんです、師匠が。全部知らないんですよ。ああ、こいつ何も知らないなっつうの分かって。私が好きな志ん生師匠のレコードとか、圓生師匠のレコードなんてのみんな聞いてるわけですから、いいネタ[15]は知ってるわけですね、訳の分かんない、『鼻ほしい』とか、んなこと言われたって分からねえって、そんなもん。

相山　どれだけ詳しいかを試されてる。
龍志　こいつは素人なんだなと思われた。それからすぐ大阪行って、大阪で名前が付いたんです。
相山　名前は紙に書いて、今日から〇〇、でしょうか。
龍志　全然、違います。大阪行ったときに吉本興業の人たちと一緒になって、そこの方が「こいつ新しい弟子だよ」って、師匠が「まだ名前付いてねえんだよ」って言ったら「眼鏡かけてるから、金志でいいんじゃない」。「そいじゃあおまえ、金志だ」って言われて、それで終わり。そういうもんですよ。「じゃあ、おまえ明日から金志」って。その人が付けてくれたようなもん。
相山　名付け親はその方で。
龍志　その当時は弟子に『志』を付けていた。
相山　談志の『志』ですね。
龍志　その上が二人ぐらい、談十郎とか、談奈とか、その後ですから、寸志、孔志、金志という、あんまり『談』ばっかりだと思ってそうなったんですけどね。で、金志になって。
相山　当時は前座さんは、少なかったんですか。
龍志　少ないです。
相山　寄席に入る前というのは、兄弟子から着物の畳み方を教わってから入ると聞きましたが。
龍志　覚えてないな。教わったのは、うちの師匠からじゃないかな。
相山　談志師匠から直に。

龍志　帯も締められなかったんで、それは下座さんが、(16)こうやるんだよって締めて教えてくれました。着物は確か、うちの師匠がやってくれた。「こうやるんだ」って。うちの師匠は速かったですよ、着物の畳み方。うちの師匠は前座一人で寄席やってましたから。だから速いのなんの、着物の畳み方。でもあんなものは別にね、ちょっとやりゃ誰でも覚えちゃう。

相山　圓生師匠は、お着物が高そうです。

龍志　触らしてくれませんでした。「あっちへ行きなさい」って言われて。「おまえは触っちゃいけません」汚れるからね。圓生師匠ぐらいかな、そんなこと言ったの。あとはないけどね。あとはみんな、汚ねぇ着物でろくなもんじゃなかった。

相山　今までとこんなに違うものかっていうのは、お感じになりましたか。

龍志　最初だけでしたよ、話してくんないから、口を利いてくんなかったから。でもそれが一番ショックでした。普通、どっかに行ったって、君はどこからとか、いろんなこと言うんじゃないですか、暇なときに。そういうこと一切なかったですから、無言でした。

相山　それは、仕事や稽古をしてるからですか。

龍志　師匠は書きものをしはじめて、あとは何にも言わないですよ。

相山　よく「人間二人以上いて黙っているのは、陰険だ」とおっしゃってましたけど、お弟子さんには違うんですね。

龍志　あれが一番辛かったですね。その後はもう、ずっと師匠と一緒でしたから。運転で付いてるの私だけだったから。もう一人、兄さん(17)がいたんです、ぜん馬(18)さん。ぜん馬さんも俺が入ってくると抜けるようになるわけですよ、順繰りで。で、二人っきりになって結構長かったんですよ、下（後輩）が入って来なくて。

相山　一番近い兄弟子は、ぜん馬師匠。

龍志　後から入って来たのが談之助(19)かな。その前にもいたような気がした。

相山　談之助さんは免許は。

龍志　あいつは運転させなかった。怖いから。「いい、やんなくて」って言われてました。私はずっとやってて、だからその当時は面白かったですよ。

バーで稽古

龍志　師匠とは毎日のように一緒でしたから、遊ぶし。

相山　夜も？

龍志　それは一緒に飲んでました。

相山　そうなんですか。外でずっと待っていた方の話を伺ったことがあります。

龍志　そういうのが多いですけど、私は二人っきりでしたから「おまえも一緒に入れ」って、「おまえ飲めんだろ」って言うから、「はい」って。

相山　運転手なのに。

龍志　ええ、運転手なのに飲んでましたね。その当時は銀座の美弥[20]へ行って、それから六本木辺りへ遊びに。

相山　談志師匠の夜の事務所と言われた美弥ですね。

龍志　毎日のように飲んでました。当時は、あっちこっちで遊びに行きましたね。それから戸川昌子さんの、女の人が男の恰好してる「青い部屋[21]」とか。あと銀座のバー、そういうところへ付いていきました。楽しかったですよ、知らない世界だったから。

相山　人脈を広げるとか、違う世界を見るためにおいでだったんでしょうか。

龍志　どうなんですかね。師匠は、当時はよく遊んでたと思いますけどね。だから噺家になってそれが一番楽しかったです。そんな経験したことないから。あと、暇だとカウンターで稽古したり、隣同士で飲んでると一席稽古やってくれたりするので。こんなもんだってなこと言って。最初だけですよ、きちんと稽古付けてくれたの。

相山　談志師匠と世間話などは。

龍志　私は一番そういう意味ではもう、くっ付いて飲んで歩いてましたからね。

相山　一番ラッキーなお弟子さんですね。

龍志　そうなんです。楽しい時期でした。くだらない遊びもやるし、「寝る会」なんてのやってましたからね。

相山　寝る会？

龍志　ホテル一室、借りて、そこでただ寝るだけ。私は寄席終わると、そのホテルへ行ってただ寝るんですよ。

相山　談志師匠らしいですね。

龍志　ただ「寝る会」っていう、よく分かんない。

相山　とにかく思い付いたことは何でもやるような方でしたね。

龍志　友達も来て、布団に入って寝てるんですけど、なんだかよく分かんない。あと銭湯、借り切って、銭湯に入りながら、脱衣所でみんなで飲んだりとか。

相山　落語会ではなくて。

龍志　ただ、銭湯借り切って、そこにみんな集めて、風呂入っては飲んでるんですよ。そんな馬鹿なことをしました。だから付いてる人は楽しかった。

相山　最初のお稽古はどんなふうに。

龍志　「稽古ってのはこういうもんだから」って、ちゃんと自分の着物に着替えて、それ一回だけ。「分かったな、稽古ってのはこういうもんだから」。

相山　形式だけ覚えていればいい。

龍志　だから、運転してると後ろで稽古を付けてくれたり、「しゃべるから聞いてろ」って。

相山　運転中に覚えられるのですか。

龍志　最初何回もやってくれましたから。『道灌』テープにとっちゃいけないって言われたんで。

何回もやってくれました。

相山　最初は『道灌』。

龍志　『十徳』『道灌』ですかね。

相山　何席ぐらいお稽古をつけていただいたのですか。

龍志　私は十席ぐらい、一応教わってんのかな。でも私はちょっと教わり方が違うんで、本来ですと噺家というのは隠居さんの噺とか、それから動物が出てくる噺とか、旅の噺とか、泥棒の噺、それから女の『たらちね』みたいな、ああいうのを教わるんですけど「おまえは違う方向でいい」って言われてたので、『十徳』『道灌』をやってその後、『六尺棒』『花見』『岸柳島』『猫久』『相撲風景』『お血脈』……訳が分からない傾向のものを。

相山　前座さんがする噺ではないですね。

龍志　でも、やれって言うんでやりましたよ。

相山　寄席で？

龍志　池袋演芸場で一発目から『相撲風景』、浅草演芸ホールでの最初は『猫久』

相山　怒られませんでしたか。

龍志　怒られました。いわゆる前座の上の兄弟子さんですよ。

相山　立前座(22)さん。

龍志　「あんちゃん、何やってんだ」って言うから「いや、すいません。師匠がやれって言うもんで」「あ、そう、談志さんがそう言ってんの」って言うから、「はい」って言って「じゃあしょうがねえ」後で聞いたら、師匠が言うには、どうなるか見てみたかったんだって、こういう教え方するとどうなんなっちゃうんだろうって。

相山　談志師匠の想像どおりになったんでしょうか。

龍志　なってないんじゃないですか。系統どおりにやるのが当たり前なのに、めちゃくちゃに教えていったらどうなっちゃうんだろう。

相山　基本を覚えずにいきなりやるというのは、声や仕草などで非常に大変な感じがします。

龍志　分かんないんで、そういうもんだろうと思ってそのようにやってました。だから『相撲風景』なんか普通、落研のやつは、なんで俺が『相撲風景』と思うでしょうし、はなから『お血脈』なんて、あんな地噺(じばなし)(23)やるの？　って思うんじゃないですか。私は何とも思わなかったから。

相山　トリネタ(24)でもいいものをやってしまう。

龍志　ただあとで、こりゃまずい、やばいと思いました。

相山　どういうことでまずいと思われました？

龍志　(三遊亭)圓彌師匠(25)が「あんちゃんね、ちゃんとやったほうがいいよ」って言われて。分かんないから、「ちゃんとというのは？」「だからうちへおいで」って言って稽古付けてくれた。

相山　それは、やはり隠居さんとか旅とか。

龍志　普通の噺です。いわゆる地噺とか漫談風のものではないのをちゃんと教えてくれました。

前座で品川心中

相山　他にはどんな師匠のところへ稽古に行かれましたか。

龍志　（春風亭）栄橋師匠(26)。だから意外と古典落語をきちっとやってるんです。そういうふうにやんないと、あとで恥をかく。これ駄目んなってぼろぼろになっちゃうかもしんないと思って。で、もう一回ちゃんと教わろうということで、教わったんですけどね。

相山　お稽古は自分の師匠に、〇〇師匠のところに行きたいんです、と言うものなんでしょうか。

龍志　それはなかったです。前座の頃、師匠のほうから言ってました。おまえこれ教わってこい、これ習ってこいって、俺が頼んどいてやるから。

相山　それはありがたいですね。

龍志　ただ、うちの師匠がやってこいっていうのは、訳の分からない噺ばかりやってこい、面白くも何ともない、誰かが残さなくちゃいけないと思ったんじゃないですか。

相山　先のことを見て。

龍志　だと思うんですよ。だから、『つづら泥』なんて（三代目三遊亭）小圓朝師匠(27)がやってたんですけど、そんなの誰もやんないですよ本当に、つまんないから。師匠は「行ってこい」って言うし、別の兄さんに「できますか、教えていただけますか」って聞いたら「あ、いいよ」って教わりましたね。

相山　今は受けるもの、分かりやすいもの、すぐお客さまに共感できるものがとても主流になっている気がします。本当は五百以上噺があると言いますが、だいたい百から二百ぐらいの噺をぐるぐる、どこ行っても聞くような感じがします。

龍志 そうですね。普段やらない噺っていうのは、つまんないんですよ。

相山 今に合わない。

龍志 時代にずれてる。

相山 受けるところが少ないとやりませんよね。

龍志 今のお客さんだったら飽きちゃいます、聞いてらんないし。そういうような情景が浮かんでこないですよ。

相山 イメージしづらい。

龍志 聞いてて分かんないんじゃない、「つづら」[28]って言われてもよく分かんないですからね。

相山 つづらの説明からしないといけない。

龍志 説明しちゃ駄目なんで。いちいち説明してたら、講釈[29]じゃないんだから。分からないと、説明が多くなって面白くも何ともない。

相山 すぐにわかるものでないと、落語を聞くのをあきらめる方もいらっしゃいます。そうすると、どうしても噺が絞られてきます。

龍志 今の人が聞いてて頭に浮かぶ情景があればいいですけど、聞いてて浮かばないと面白くも何ともないと思います。

相山　そうですね、合間に稽古もしてくれるし。
龍志　稽古は付けてくださいって言えば、当時は付けてくれました。すぐ勉強会やりましたから。「おまえ勉強会やれ」って。で、勉強会、そのときには何やりたいんです、じゃあ教えてやるからって、そういうの教えてくれました。『品川心中』って言ったら、やんのかって。
相山　それは前座のときですか。
龍志　見習いでした。
相山　見習いで『品川心中』とは、すごいですね。
龍志　そういうときでも、うちの師匠は前座だからっていうことはなかったです。あんまりうるさいこと言わない。
相山　ルーツを大事にする方ですけど、フラットな視点もお持ちだったんですね。
龍志　「やれやれ、どんどんやれ」って言ってるぐらいですから。、若えうちから動きあるのやっといたほうがいいと思うんです。それに、その頃に覚えた噺って忘れませんから。だから若いうちに、どんどんやっといたほうがいいんですね。
相山　前座さんですが、この間、『花見小僧』をやった人がいました。前座さんにも大きなネタをお稽古してもらえるんですね。
龍志　そうですね。教えてはくれます。
相山　まだ早いとかはない。

龍志　今そんなこと言わないです。自分が教えて、やる気のある人ならいいよって、早いとか遅いとか、そういうのはない。それにやってみりゃ自分で分かるでしょ。

相山　自分が扱える噺かどうか。

龍志　難しさも分かるでしょうし。やんないことには分かんないから、何でもいいからやってみりゃいいんですよ、わかるから。かえっていろんなものやったほうが、いいんじゃないですか。

緊張気味が一番いい

相山　家元がよく、「落語やってて飽きちゃう」ってお話してました。やっぱりそういうときは、ノリは違いますか。

龍志　飽きますよ、間違いない。同じことばっかりやってりゃ。飽きない人のほうがおかしいもん。一、二回やったらもう飽きちゃう。

相山　一、二回で。

龍志　その前に稽古をやってるわけですから。

相山　何十遍とやってますしね。

龍志　かけて二回ぐらいやるから慣れ過ぎちゃうと、緊張感がなくて面白くも何ともない。あんまり慣れ過ぎて緊張感がないのも駄目なんです。やってるほうも。集中しないんですよ。なんか違うこと考えてるんですよ、できるから。

相山　しゃべりながら、頭では違うことを考えている。
龍志　あれ？　忘れたかな、なんて思っちゃう。これ、今日はやらなくちゃいけないんだ、と、びっと気が入ってんならそのほうが一番いい。一番まずいのが、かけて二回目。
相山　ちょっと慣れた感じ。
龍志　それは駄目。初回の緊張気味が一番いいんですよ。
相山　緊張感がこちらにも伝わってきて、お客さんも前のめりで聞きます。一番新鮮な噺が聞けます。
龍志　緊張感がないのは駄目ですね。また、それを通り過ぎるといいものになるんですけどね。
相山　通り過ぎるのも稽古の数ですよね。
龍志　そうです。私たちの場合、寄席を出ちゃったんで、そうそう、かけらんないんですね。
相山　お伺いしたいのですが、まさか落語協会を出るなんて思っていなかった。お出になるって聞かれたときは、どう思われました？
龍志　師匠が出るっていうんだから、出ようとは思いました。
相山　迷いはなかった。
龍志　ない。だって俺は、弟子ですから。
相山　寄席というホームがないということはお考えには。
龍志　何もなかったですね。師匠が行くっていうんだから行かなくちゃ。もちろん残りたいって人もいました。でも私は全然なかった。そんなに寄席が大好きっていうのでもないから。

相山　何の迷いもなく。

龍志　十年ぐらいたってから、あのとき寄席に残ってりゃ違ったんだろうなというのはありますけど。毎日高座に上がるケースもあるでしょうし、やっぱそういう意味では、ちょっと違うのかなと思います。

相山　家元も寄席に出て毎日しゃべることの大切さをおっしゃってました。

龍志　そりゃ大切だと思いますよ。

相山　十五分っていうのが適切な時間と量なんですよね。

龍志　毎日になると、嫌な日でも高座に上がんなくちゃいけない。それでもやんなくちゃいけない。そういうことが大事なんです。協会を出ちゃうと、そのときだけ高座に上がればいいっていう状況でやるんで、そういう点では嫌々ながらでも毎日上がるっていうのもあったほうがいいんじゃないですかね。寂しいとは思うけど、今さらね。だから、落語会なんか一緒にやっている協会に入ってる連中は、その前に寄席でかけてるわけ。

相山　仕上げの稽古が寄席で、できてるわけですよね。

龍志　こっちはかけるったって、上野と日本橋で一回か二回ぐらいなんで。そういう点では大変かなというのあります。

相山　やはり、ご自宅で稽古されるのと、お客さまを前にしてやるのとでは違いますか。

龍志　全然、違います。一人でもいるだけで違う。

相山　それはお客さまの反応。

龍志　人が聞いてるっていうだけで。

相山　意識が変わるわけですね。

龍志　うちでやったって、誰も聞いてるわけじゃないですから。

相山　奥さまでは駄目ですか。

龍志　かかあが受けるとノリます。誰かが聞いてて、クスッと笑ったりなんかすると、ノルんです、稽古でも。うちは二階家なんで、下にかかあがいると、上でしゃべってると聞こえるらしいんですよ。笑いが聞こえたりすると稽古に身が入りますね。誰かが聞いてるってのがないと駄目だよね。壁に向かってやったって別に面白くも何とも、それに間違ったってどうでもいいでしょ。やっぱり人が聞いてるっていうと、間違ったときの緊張感、ばたばたたってするときもあるし、そういう部分も含めて大事なんでしょう。ただの稽古は駄目ですけど、でも稽古しないと駄目なんですよね。

相山　本当の稽古って、覚えた噺をどうするかってことなんでしょうか。

龍志　覚えて何遍もしゃべるしかないんです、叩き込むしか。やっぱりどっかで一回くらいかけたいんですよ、本番前に。だいたいしくじりますからね。かけてみないと、どこら辺でどう反応するか分からないんで。

相山　反応は会場によっても違ったりしますからね。

龍志　ここが受けるのか、ここが駄目なのかっていうのが分からない、やってみないと。
相山　今、ネタはどれくらいお持ちですか。
龍志　たぶん百ぐらいなんじゃないかな。
相山　これから新しくチャレンジしたいって噺ってありますか。
龍志　あんまりないね。
相山　お若い頃にやりたいと思っていたものと今と、噺は変わってきましたか。
龍志　師匠の噺を聞いてるとやりたいなと思うのもあるけど、今までやったのをもう一度やんなくちゃ、みんな忘れちゃいますから。それこそ、先というよりも、今までやってきた噺だってみんな忘れてんですから。
相山　それは、しばらくしないからですか。
龍志　忘れちゃいますよ。帳面に書いてありますでしょ、出してきてもう一回やるとかさ。大変でしょ、そんなことやってると、おっつかなくなっちゃう。
相山　稽古をすると思い出す。
龍志　出てきます。みんな帳面に書いてありますから。書き起こしてあるので、それを見れば、だいたい頭ん中で、忘れても何ページ目とかも出てくるから、そういうのは出てくるだろうけど。

でけぇところでやるもんじゃないんだよ

相山　客席は末廣亭なら三百ほど、上野広小路亭だと八十です。もっと小さい場所もあります。お客さまの人数によって演じ方って変わってきますか。

龍志　あんまり大きいところは大間(おおま)んなりますよね。

相山　大きいところとは?

龍志　千人ぐらいです。

相山　大間っていうのは、間を長く取るということですね。

龍志　あんまり大間になるのはおかしいですよ、やっぱり。受ける間、待ってなくちゃいけないので。

相山　大きいところは、全体に笑いが戻って来るのが時間がかかるんですね。

龍志　だから、どんどん遅くなるんですよ。

相山　それを待ってる何秒かが。

龍志　嫌なの。テンポ悪くなるし。

相山　そうですね、次に巻き返すわけにいかない。全部の間が大間になるわけですね。

龍志　三百だってちょっと大きいかもしれない。百とか百五十がいいんじゃないですか、こういうものは。動くわけじゃないし、座ってるのを聞くだけですから、そんなでけぇところしょうがない。顔つきだって分かんないでしょうし。だから、そんなふうなところでやるというような芸にできてないですからね。落語は小さいところでやってたものですから、千人なんていうところでやるなんていうことは昔はあり得ない。そのような噺になってないはずですから。

相山　仕組みが違うわけですね。日本武道館とかでもあります。

龍志　とんでもない話です、あんなもん。変に音の返りが遅いとか、そういうのがあるんで、やりづらいと思いますよ。

相山　自分の間が崩れてしまうわけですね。

龍志　あんなでかいところでやるもんじゃないんだよ。

相山　もともとお座敷に呼んで聞くものでした。

龍志　昔の名人と呼ばれた人は、お座敷がお仕事だったから。だから、文楽師匠なんか座敷で聞いたらうまいと思いますよ。文楽師匠、浅草の演芸ホール、袖で聞いたら受けなかったの一切。

相山　そうなんですか。

龍志　あれでも駄目でしたね。小ちゃく見えちゃう。だからお座敷で聞いてると名人芸だなと思いますよね。だから難しいですよ。その点、圓生師匠は大きい会場で対応できます。文楽師匠は駄目だった。そういうお座敷などの仕事が多かったもんですから。

相山　昔の師匠は、独演会よりもお座敷のお仕事のほうが多かったと伺いました。志ん生師匠も、独演会なんて年に一、二回しかやらない。

龍志　お座敷が仕事ですもの。お金もうけですから。みんな、お座敷が売れてる証拠でしたね。

そんな芸だったんじゃないですか。ただ、ラジオが出てきてテレビが出てきたから、どんどん広まってったけど、最初はそんなもんじゃない。さっきの大塚の喫茶店も寄席だった。

相山　そうなんですか。

龍志　あそこも寄席だよ、昔。あんな小ちゃいところでやってたの。下が映画館だったんですけど、上が寄席だった。

相山　どのくらいの人数ですか。

龍志　七十～八十。三河島にもあったっていうし、小さいのがあったんじゃないですか。私たちは知らないけど。

相山　江戸時代は町内に一軒、寄席があったと聞きました。席は五十とかそれくらいでしょうか。そのなかでやっていく。お客さまの目が厳しい感じがしますね。

龍志　だから怖いんですよ。しくじればみんなばれちゃう。

相山　お座敷の少ない人数でしくじったら、御贔屓（ごひいき）[30]がいなくなりそうです。

龍志　大きいところは、別にしくじったって驚かないんですけど、小さいところはみんな見えちゃうから。

相山　緊張しますよね、ずっと。

龍志　広小路亭なんか近いですからね。あんまり近いんでやりづらいですよ。お客さんが、あんな近いとすごく恥ずかしいんじゃないかと思って。

相山　寄席へよく行く方も、一番前の席は嫌だって聞きます。

龍志　せめて末廣亭ぐらいの離れがあればいいんですけど。一番前に座られると、稽古してるみたいだよ。あんまり近いから、ちょっとやりづらい。

相山　客席でメモをとるようなお客さまはやりづらいですか。

龍志　私はあんまりよく見えないからいいんですけど、ただ、変なことしてんなっていうのは分かります。やっぱり日本橋亭ぐらいが一番いい。あの高さが。あそこは山台[31]があります。あのぐらいになってると、やりやすいです。少し見下ろすぐらいのほうがいいですよね。

相山　高座というだけあって、それは心理的なものもありますか。

龍志　あります。あんまり真正面だと、目が合ったりなんかするっていうから、ちょっとやりづらい。だから目のいい人は恥ずかしいと思いますよ。

今のお客さんと若手落語家

相山　最近のお客さんって変わってきましたか。

龍志　変わってきたかもしれないです、受け過ぎだね。

相山　どのようにでしょう。

龍志　渋谷の落語会(渋谷らくご)に行ったんです。若い人いるんですけど、何でも受けますね。なんか知らないけど、笑わなくちゃいけないみたいになってる。ああいうの変ですよ、やっぱり。

相山　やりづらいですか。

龍志　やりづらくはないですよ、喜んでんだからいいんですけど。でも、あんまりそんなにもゲラゲラ笑うもんじゃないんで、落語というのは。本当にちょこっとちょこっと面白いところもあるんで、それが落語なんで、なんでも受けるっていうのは、あんまり。おかしくなりますよ、芸が。だれ場[32]がもたなくなる、怖くなって。

相山　あの会（渋谷らくご）は落語が初めての方、という趣旨でやってらっしゃいます。

龍志　噺ってだれ場があって、そこんところは受けないんですけど、ああいう何でもかんでも受けると、どこでも受けさせなくちゃいけない、みたいな。あんまり、よくない傾向だね。どこにでも、だれ場っていうのがあって、笑わないところってのがあるんですけど、そこはある程度、聞いてもらうっていうところなので、何でもかんでも笑うとおかしくなっちゃうんでね。やってるほうが、だれ場でも受けさせなくちゃいけないんじゃないかと思うようになっちゃって、あんまりいい傾向ではないと思います。

相山　本来の落語から、ちょっとずれます。

龍志　笑い過ぎ。お笑いだと思ってる、落語をね。違うんだよ、お笑いじゃないんだよ。

相山　大きなくくりで、同じように思ってるんでしょうね。

龍志　みんなお笑いと思ってるらしいんです。でもお笑いじゃない。

相山　漫才やコントと違って、落語はずっと聞いていても、いつも新鮮に笑えます。

龍志　たいがい落語を聞いてる人もそうなんでしょうけど、まくらが多いじゃないですか。終わってからどこ覚えてるって、まくらなんか誰も覚えてないんです、何を言ったか。中身の噺は少し覚えてるんです、だから、まくらなんかそんなやんなくていいんです。

相山　談志師匠が、初めてまくらに日常的なことを織り込んで、まくらだけで一つのジャンルを作りました。

龍志　あれはちゃんと作ったからいいんですけど、やたらに日常のことを言うっていうのは、あんまりいい傾向ではないですね。

相山　今は二ツ目さんでも、昨日飲みすぎましてとかいいます。

龍志　昔、師匠、怒ってましたよ、まくらに。「おまえたちに人生があるのか」って言われました。それだけの人生を持った人が言うんならいいけど、人生なんか何にもないくせに、まくらふっ[33]てんだっていうことになる。

相山　それ以前のまくらというのは。

龍志　小噺でしたね。

相山　ちょっと小噺をして。

龍志　すぐにネタに入ります。

相山　すぐ本題に入る。噺につながるような小噺をしてっていうくらいで、日常なんていうのは、どなたもおっしゃらなかった。

龍志　目白（五代目柳家小さん）がいい例ですよ、くだらないことは言わない。すっと入っちゃうんですから。あんまり言わないでやってる人はいますよ。うちの師匠が言うのが、「一席お笑いを申し上げます」って入るんだよって。いつも言ってました「変なこと言うな、くだらないことは」くだらないこと言っても、本当に面白くて素晴らしいこと言うならいいんだけど、客を変なふうにしちゃうんです、くだらないこと言って。お客さんが呆れてつまんない噺になる。だったら落語をきちっとしたほうがいい。落語っていうのは形になっているもんですから、そのようにできてるんです。何を昨日どうしたとか、あれがどうしたとか言わなくても本当はいいんですけどね。ただ、あんまりそれやっちゃうと癖になって、言わないと落語に入れなくなっちゃう。

相山　そう思います。今の若い方は、すって噺に入るのが怖いように見えます。

龍志　うちにいた（四代目桂）文字助兄ちゃん（34）は一切、言いません。ああいう人がもっと出てきていいような気がするんですけどね。怖いんですけどね、すぱっと入るの。しっかりした芸なのにね。

相山　こないだ、歯がないって聞きました。

龍志　また、なくなっちゃったんですか。

相山　でも、歯がなくてあれだけきれいに話せて、驚きました。あの佇まいも。あの方が今寄席にいたら、また変わっていたと思います。

龍志　歯がなくて、よくあんだけ口跡よくしゃべれると思う。歯じゃないんです、しゃべんのは頭なんです、頭がそのように考えてしゃべりゃ動くんですね。すごいもんだと思います、きっちりした芸だし。
相山　そうなんです、かっこよくて。
龍志　もったいないですね。

これからの立川流と落語

相山　立川流は今、談吉[35]さんが談修師匠の預り弟子[36]になりましたけど、あの方が真打ちになれば家元の直門（じきもん）[37]の方はみんな真打ちになります。家元は女性は弟子に取らないとおっしゃってましたが、今、立川流に四人とだんだん変わってきました。談吉さんが真打ちになった後というのは、立川流というのはどういうふうになっていくのでしょうか。
龍志　このまんまじゃないの。離れていく人もいるし。行きたい人はどこへでも行きゃいいし、独立しちゃったっていいし、あとは勝手に。立川流っていうのはあるんですけど、別にみんなこれに束縛されてるわけじゃないですから。出ていく人はいる、だからって別に離れてるわけじゃない。それは考えなきゃなとは思いますけどね。
相山　他から見ると、とても個々が独立している団体です。
龍志　うちは結構みんな独立してますね。ただ立川流っていうだけで。
相山　家元がそういうお考えで、お弟子さんとのお付き合いをされてましたよね。
龍志　「群れになるな」とのべつ言ってましたからね。

相山　「雑魚ほど群れたがる」とおっしゃってました。ファミリー的で楽しそうな一門もあります。

龍志　うちの師匠が最後のほうはそんなことやってました。インド行って。みんなで、行くやつは行こうっていうことで。

相山　五十代の頃でしたか。

龍志　そうです、そんなもんですね。

相山　協会をお出になってから。

龍志　そうです。師匠とは海外にも行ったし、仕事でも。いい思い出にさしてもらいました、今じゃ行けないようなところ。

相山　談志師匠は海外お好きでしたね。最後になりますが、いわゆる名人と言われる方と、そうでない方の違いはどこでしょうか。

龍志　名人なんかいないんじゃないですか。

相山　例えば圓生師匠とか、師匠が入門した頃の志ん生師匠。

龍志　違いますよ、修業が。

相山　修業が違う。

龍志　その当時、テープもなければ何もない時代に、耳で覚えて、それも何百席も覚えてるわけですよ。修業とか稽古なんて半端じゃなかったんじゃないですか。だから、ああいう人たちが残ったんでしょうけど。いくらでも噺家はいたと思います。でも残ったのは、あの人たちぐらいなもんで。どのぐらいの凄さをもって稽古をしたのか分からないですよ、才能があっても。

相山　稽古の量とご自身の覚悟ということでしょうか。

龍志　全然、違いますよ。今、名人なんかいないもん。

相山　ある方が稽古付けてくださいって言ったら、「テープがあるから勝手に覚えていいよって言われた」と。

龍志　まだ私たちは名人を生で聞いたわけですけど、今の人たちは聞いてない。それを聞いてないっていうのは音が残ってない。やっぱり聞いた何かが、どっかあります。

相山　噺を覚えるのに録音ができない、映像でのフォローもないってなると必死度は違いますし、何度もお稽古付けてはくれないでしょうから。

龍志　みんな手弁当で歩いて稽古付けてもらったんでしょうし、稽古嫌がる人もいたでしょうけど、高座の袖で聞いて覚えたりとか、大変だったと思います。生半可な稽古じゃ残らない。いろんな人がいたんでしょう、残る人は少ないでしょうけど。

インタビューを終えて

すっと手を上げ、笑顔で迎えてくれた。颯爽と歩く、とても若々しい。いかにも落語家といった、軽くて粋な語り口は、正しい江戸の言葉、とでもいうのだろうか。こういう口調の人は　落語家さんでもあまりいない。

立川龍志師匠、古き良き寄席の香りを纏う、正統派の古典落語の演じ手として貴重なおひとり。

一番心に残った言葉は、談志師匠が落語協会を出るとき、自分も迷わず出る、

「だって俺は、弟子ですから」

このとき、龍志師匠の姿勢がさらにぴしっとなり、穏やかな口調がきりっと引き締まる。その想い。龍志師匠は一九七〇年に談志師匠に入門。談志師匠は二〇一一年に亡くなった。四十年の師弟関係は、亡くなった今も続いている。芸歴五十年目になる人が、まだこんなに師匠のことを想っている。

そういえば、談志師匠も晩年「小さん師匠が……」と話していた。あんなキャリアになっても、協会を出ても、相手が亡くなっても「師匠」は「師匠」なんだと驚いた。師と過ごした年月は実の親よりも、妻子よりも長く、濃い。誰も入れない、師と弟子の間にある想い。

落語家の前座時代はとても厳しい。とくに立川談志に弟子入りした者は、理不尽の極みのような出来事に日々襲われる。入門者も大勢いるが、辞める人も同様。

しかし時代が良かったのか、師弟の気が合ったのか、前座時代は師匠と一緒に飲んだり、遊びにも行っている。世間話もできて、一番幸せなお弟子さんかも知れない。ご本人も「噺家になってそれが一番楽しかったですよ。そんな経験したことないから」。

普通は店の前で、師匠が出てくるのを待っているものだ。幸せな弟子は、さらに今までにない育

てられ方をされる。

初めての噺の稽古は、前座噺といい、隠居さんが出てくる、それから動物、旅、泥棒、それから女性の出る噺と順番がある。登場人物の年齢、職業、男女によってのしぐさの違いや声の出し方を覚える。旅の噺も、旅の風景が話せないといけない。談志師匠はそういった「いろは」から教えずにいきなり、大きな噺を稽古した。数字の1も知らないのに、いきなり1000から覚えるようなもの。そして師匠命令で、いきなり寄席でかけてしまう。

談志師匠は、今までの教え方をやらないとどうなるのかと思っていたらしい。結果はわからないが、それではだめになると、別の師匠が稽古をしてくれた。いくら弟子とはいえ、先のある身なのに思い切ったことをする。それが立川談志という人なのだ。多分、無理だと感じたら、元の稽古に戻せばいいと思ったのかも知れない。

幸せな前座は、他の師匠からも稽古をつけてもらい、二ツ目時代に「鼠穴」を歌舞伎の十七代目中村勘三郎に絶賛され、正統派の古典落語の担い手となってゆく。生き様が、芸に、醸し出す雰囲気に出る。その粋を、高座で見せてもらう。

軽くって、なんともいえないおかしみ。龍志師匠の落語のなかで「そうなの？」とちょっと気弱に聞えるセリフが好き。落語を聴けば、情景が浮かぶ。そこには、江戸の風が吹く。

註

（1）五代目古今亭志ん生。戦後の東京落語界を代表する落語家の一人。
（2）三代目古今亭志ん朝。志ん生の二男。若手真打の頃から東京における『落語若手四天王』と呼ばれた。
（3）七代目立川談志。五代目柳家小さんに入門し、立川談志で真打昇進。一九七一年、参議院議員（一期）、沖縄開発庁政務次官（三木内閣において三十六日間）、サイバー大学客員教授などを歴任。一九八三年、落語協会真打昇進試験制度運用をめぐり、当時落語協会会長であった師匠・小さんと対立。同年、落語協会を脱会し、落語立川流を創設して家元となる。落語協会を脱退したので立川流は定席と呼ばれる寄席には出演しない。
（4）上野鈴本演芸場、新宿末廣亭、浅草演芸ホール、池袋演芸場。
（5）高校や大学などでの「落語研究会」の略称。落研出身の落語家は多い。
（6）一九二五年（大正十四年）一月五日〜二〇〇五年（平成十七年）十月二十八日。
（7）八代目桂文楽落語における戦後の名人の一人といわれ、二歳年上の五代目古今亭志ん生と併び称された。
（8）『芸談あばらかべっそん』青蛙房、一九五七年。のち旺文社文庫、ちくま文庫。
（9）安藤鶴夫は小説家（直木賞受賞）。落語、文楽、歌舞伎、新劇の評論家であり演芸プロデューサーでもあった。本名、花島鶴夫。アンツルは愛称。
（10）六代目三遊亭圓生。昭和の落語界を代表する名人の一人と称される。
（11）落語や講談など、主として話芸の分野における口演筆録の刊行物。
（12）新宿末廣亭の木戸番に声をかけられ、末廣亭支配人で芸能評論家の真山恵介氏の世話で五代目柳家小さんに入門した。
（13）東京の落語家には、「真打ち」「二ツ目」「前座」「前座見習い」という階級がある。
（14）「笑点」の収録で大阪に行った際、道頓堀で暴漢に刃物で後頭部を切られた。
（15）演目のこと。
（16）落語家が高座に出る時、出囃子を弾くお囃子の場所を下座といい、お囃子の演奏者を下座さんともいう。
（17）先輩のこと。
（18）六代目立川ぜん馬。一九七一年立川談志に入門。龍志師匠の兄弟子。
（19）立川談之助。一九七四年立川談志に入門。龍志師匠の弟弟子。
（20）東京・銀座六丁目のバー。立川談志が長年愛し「談志の夜の事務所」とまで言われる。二〇一六年閉店。

(21) 一九六七年、シャンソン歌手で作家としても知られた戸川昌子が開店したシャンソン・バー。レズビアン・ホモセクシャルの人びとを集め従業員に登用したことでも知られている。二〇一〇年末に閉店。
(22) 前座の上の兄弟子。
(23) 会話やしぐさによる通常の演出をとらず、叙述説明によって話を展開させるもの。
(24) 寄席の最後に演じるネタ。難易度が高い作品が多い。
(25) 一九五八年八代目春風亭柳枝に入門。二〇〇六年没。
(26) 一九五七年三代目桂三木助に入門。人生の半分以上をパーキンソン病との闘病に費やした。二〇一〇年没。
(27) 一九〇七年父の二代目小圓朝に入門。一九七三年没。
(28) つるで編んだ蓋つきの籠の一種。のちに竹を使って網代に(縦横に組み合わせて)編んだ四角い衣装箱を指して呼ぶことが一般的。
(29) 講談のこと。
(30) 気に入った人に特に目をかけ世話をすること。
(31) 高座を作るのに毛氈をかぶせる台。
(32) 講談・落語などで客が退屈するような地味な場面。
(33) まくら(本題に入る前の短い話)を話すとは言わず、まくらをふるという。
(34) 四代目桂文字助。落語立川流に所属していたが二〇一五年に脱退。
(35) 立川談吉。二〇〇八年三月立川談志に入門。談志の最後の弟子。現在二ツ目。
(36) 立川談修。一九九五年入門。談志生前の立川流において家元がその昇進を認めた最後の真打。師匠である立川談志、次の師匠立川左談次の死去により立川談吉を預り弟子とする(師匠が弟子の面倒を見られないとき、別の師匠の門下に入って修業する)。
(37) 立川談志の直接の弟子。

[取材日、二〇一九年五月十八日、タリーズコーヒー大塚店]

第五章　立川だん子さん

落語のチカラ

相山　二ツ目昇進おめでとうございます。プロフィールを拝見しましたら、ご出身は文京区なんですね。私も文京区、談志師匠も文京区ですが、どちらですか。

だん子　白山五丁目です。育ちは埼玉県朝霞市です。

相山　朝霞で「あけぼの会」というご自身の会をされていらっしゃいますね。

だん子　師匠の談四楼の許しを得て二年前に勉強会を始めました。入門時に、師匠宅の近くに住むことになり世田谷区で一人暮らしを。今思うと白山生まれで大師匠、談志の根津のマンションやお墓(文京区・浄心寺)も近いですし、落語中興の祖、大圓朝(初代三遊亭圓朝)の眠る全生庵も。今もお住まいの相山さんがうらやましいです。

相山　落語との出会いはいつ頃ですか。

だん子　初めての出会いは、小さい頃に絵本で「まんじゅう怖い」を見て。それが落語だと認識できるようになったのは小学生になってからですが、それが始まりだったと思います。

相山　テレビやラジオではなくて、絵本。

だん子　絵本でしたね。それから幼稚園の頃に叔母が、親子で観られるミュージカルや舞台に連れて行ってくれたので、多分そのあたりが始まりかと思います。

相山　落語が好きだと思ったのはいつ頃ですか。

だん子　テープで聞いた先代三遊亭金馬師匠の「死神」に衝撃を受けました。「誉れの幇間」という別名のある噺です。よく通うようになったのは社会人になってからです。

相山　いらしたのは寄席ですか、ホール落語ですか。

だん子　最初は寄席で、それからホール落語に行くように。いわゆる定席（上野鈴本演芸場・浅草演芸ホール・新宿末廣亭・池袋演芸場）でした。「みんなちがってみんないい」金子みすずさんの詩のように同じ噺をしても各々違いがある。そこからはどんどん通い詰めるようになりました。通い詰めた理由はもう一つ、それ以前に身内の介護を経験したのですが、大叔母の認知症が落語を聞くことによってどんどん症状が改善するのが分かったんです。一緒に落語のＣＤを聞いていたら、トイレがダメだったんですけど、三カ月で自分でトイレに行けるようになったんです。昼夜逆転生活もなくなって。笑う力で免疫力が上がるとはよく聞いてましたけど、「こんなに良くなるんだ」と思って。

相山　一日どれくらい落語を聞いていたのでしょうか。

だん子　当時勤めていたので、一緒に聞けるのは週末くらい。洗濯物を畳みながら聴いていました。ですから長時間というわけではありません。

相山　どなたの噺を。

だん子　先代（三代目）金馬師匠とか、（五代目古今亭）志ん生師匠とか。

相山　笑う噺が多いのを選んで。

だん子　はい。

相山　志ん生師匠の「えー」とか「あー」は、聞くだけでなんとなく楽しいなぁと感じます。

だん子　当時は知識不足で認知症が悪化することはあっても改善しないと考えていたので、まさに目から鱗、落語の力に驚きました。でもすぐ「落語家になりたい」とは思いませんでした。寄席に通っているうちに、「自分の人生このままでいいのか」と思いはじめて。認知症や病気の人が安心して暮らす、生きてて楽しいな、と思ってもらえるようなことができたらいいなぁとは、ずっと考えていました。やっぱり「笑う」ってことで何かしたいなと。

立川だん子さん

相山　介護をなされた大叔母さんは落語の力で回

復された。それはとても大きい経験でしたね。落語を聞いていただけで認知症が軽減、回復される。

だん子　これはみんなにもいいことだと思って。当時会社勤めだったんです。会社って純粋に利益を追い求めます。我ながら馬鹿だなと思うのですが、人間としてこれで良いのかってずっと思っていて。二〇一一年の東日本大震災があって、一度きりの人生、清水の舞台から飛び降りてみようと。それはうちの師匠の本を読んだこともきっかけなんです。

この人だ！

相山　その談四楼師匠の本は？

だん子　『師匠！』（新潮社）です。本が先で、高座はそのときまだ見ていません。

相山　それは意外、まず本からとは。

だん子　それまで「立川流はチケット取れないよ」って聞いていたんです。それを鵜呑みにして行かなかったんです。だから定席や落語協会の方の会に行っていました。その頃は落語関係の本を読みまくっていました。うちの師匠の本を読んで「この人だ！」って。それまでいろいろな方の本を読んだんですが、入門とまでは思わなかった。それで、いろいろ調べて上野広小路亭へ行って。行きはじめたら、みんなが一生懸命やってるのが伝わってきて。立川流の高座はみんな一生懸命でした。もともと、うちの師匠を目当てに通っていたんですけど、談笑師匠の『超（スーパー）落語　立川談笑落語全集』（アスペクト）、志らく師匠の『雨ン中のらくだ』（太田出版）『シネマ落語』（河出書房新社）、キウイ師匠の『万年前座僕と師匠・談志の16年』(新潮社)なども読んでどんどん立川流にハマっていきました。あの頃は(桂)文字助師匠(二〇一五年、立川流脱退)もまだ寄席に出ていらして。志らく師匠や談笑師匠の高座も拝見しました。それでもなかなか談四楼に弟子入りのお願いをする踏ん切りがつきませんでした。師匠にお願いしてみて「女性は弟子にしない」と言われたら諦めようと思って、仕事を辞めて。

相山　先に進路を絶たれたのですね。

だん子　天秤にかけるみたいで失礼だと思ったんです。仕事しながら、断られたら続ければいいというのは失礼だと思って。親に内緒で仕事を辞めて、寄席に通っていました。親もだんだんおかしいと思い始めて。落語家になりたいと話をしたら「気が狂ったのか」って。

相山　親御さんは演芸のほうは。

だん子　母は好きです。

相山　落語が好きなのと、わが子が落語家になるのは違いますね。談四楼師匠の本を読んで、この人だ！　と思ったのは直感ですか。きっかけとなる文章があればお聞かせください。

だん子　一番好きなのは、『師匠！』の中の「すず女(め)の涙」すず女は前座の名前です。そのページに引かれたのと、本を開いたカバージャケットに、師匠の全身の白黒写真が載っていたんです。自然体だと思って。それからは師匠の『落語家のやけ酒、祝い酒』(ＰＨＰ研究所)など次々読んで。師匠は群馬県出身なんですが、私の父は栃木県。文化や食べものは微妙に違いますが、北関東の海なし県でなんとなく似ているところがあるのを感じました。

それで「この師匠だ！」と。

弟子入り

だん子　何度も入門のお願いをしようと日本酒などを持っていくのですが、言えなくて持ち帰ることが続きました。二〇一二年十一月に「今日は言おう！」と上野広小路亭の夜席に行ったんです。談笑師匠がトリだったのですが、うちの師匠が小田急線が故障で遅れると連絡が入ったらしく、談笑師匠がトリ前に上がったんです。師匠が遅れてトリになって。でも、結局言えなくて。

翌二〇一三年一月、上野広小路亭の昼席が終わって入門のお願いをと思ったら、もう昼席どころではなくって記憶がないんです。「弟子にしていただきたいんです」って言ったら、本当に人間の目ってあんなに丸くなるんだってくらい、師匠の目がまんまるになって。向こうもびっくりして、こっちもびっくりして。話だけは聞いてもらえることになって。後ろを向いたら知らない間に、当時の新刊『談志が死んだ』（新潮社）の本のサイン待ちをしている人がずらっと並んでいて。そんなに長い時間じゃなかったはずです。でも、恥ずかしくてキャーって急いで階段を駆け下りて、駅まで走りました。ホームに着いても心臓がバクバクして、心臓発作をおこすんじゃないかと思うくらい。電車に乗っても周囲の人に心臓の音が聞こえるのではないかと思うくらいドキドキが続きました。朝、上野広小路亭に行って、受付の人にお話しして、師匠に言ったこと、心臓がバクバクしたことくらいしか覚えていません。

相山 ものすごく勇気を出されたのですね。その後お話はすぐに……。

だん子 それがなかなか……面接の時に女性であることはマイナスで、若くないこともさらにマイナスということを言われました。

相山 正式な入門は。

だん子 二〇一四年四月です。

相山 会社は辞めてしまった。入門が叶うかどうかも分からない。不安な時期でしたね。

だん子 初めからうちの師匠に断られたら、他の師匠のところへ行く気はありませんでした。断られたら落語家の夢はきっぱりあきらめて別の道を探すつもりでした。そのまま時間は過ぎていき、もう一回勇気を出してお聞きしてみようと。その間、できることはしておこうと、踊りなどを習っていました。

そんなときに師匠が一言「九九・九パーセント無理だと言ってる」って。「じゃあ、〇・一パーセントは可能性があるんだ！」って、ここが私のバカなところなんですけど。

相山 素晴らしい！ ゼロパーセントとは言われていない。

だん子 師匠はどう思っているんだろう……聞けなかったけど。〇・一パーセントでも可能性があるならと思って。でもどんどん時間が過ぎて、ある日お江戸日本橋亭で「談四楼師匠と少しお話させていただきたいのですが……」と受付でお願いして終演後、師匠にやっとに会えて「来年から来ていい」って。

相山　来年とは二〇一四年ですね。

だん子　私はもう入門〜って。ところが、年明けてそれが入門ではなかったことに気が付きます。それから三カ月後にやっと入門が叶いました。談四楼に入門したいと思ってから三年以上が経っていました。

相山　私は、だん子さんが落語が好きで、談四楼師匠が好きで、何度かアタックして入門されたとばかり思っていましたので、これだけ時間がかかり、ここまでの経緯とは思っていませんでした。

だん子　私はこれが普通だと思っていました。

前座修業は命がけ？　マイナス十五キロ！

相山　確かに女流落語家さんが多いとは言われていても、男性の歴史が長い芸能で、マイナスはよく分かります。最後に入門が叶ったと分かったのは。

だん子　師匠から、お宅のそばに引っ越すように言われてこれでやっと入門できると。でももう会社員ではないので、審査を通らなくてなかなか借りられないんですよ。収入証明がないので。保証人を二人付けて、家賃の保証会社を間に入れても借りられなくて。会社員だったときの貯金もだんだん減っていって。やっとボロボロのアパートを借りられて、師匠に報告して始まりました。三月末か四月の頭に「(立川流の)理事会で言うから」それが入門でした。

相山　大変でしたねとしか申し上げられないです。

だん子　他の先輩方のお話をお聞きして私の入門までの過程はあたりまえではなかったと後々分かりました。

相山　引っ越しされて、師匠のお着物の管理を。師匠の高座着を選ぶのもだん子さんがなさったのですか。

だん子　はい、師匠のお着物をお預かりして私のアパートから楽屋へ持参し、終演後また持ち帰ります。羽織と長着の組み合わせなど慣れてくればわかるのですが、最初はわからなくて全部持って行ったこともありました。入門して三カ月くらいで十五キロも痩せて。気づかないうちにどんどん痩せてきて。寝るときに、腰の骨が当たって痛かったのは痩せたからでした。でも、自宅のベッドでないから硬いのだろうと。ある日、体重を計ったら三十キロを切っていました。

相山　えっ？

だん子　今思えば、自分の体重より重い荷物を持っていた。体が持ったのが不思議です。

相山　入門後、前座さんが痩せて行く話はよく聞きますが、よほど気を張っていらしたのですね。

だん子　体調不良でお休みしたいなんて言ったら、それだけで「女はダメだ」とか「破門！」って言われそうで、ものすごく緊張していました。

相山　お客さんのときと、入門するのと雲泥の差ですね。貯金は減る一方で経済面での心配、体調の不安とかはどうやって乗り越えられたのですか。

だん子　アルバイトはできません。体調面に関しては「ああ、私、今寝たら、もう一生起きないかも……」と思ったことは数回ありました。

相山　肉体的、精神的にも限界だったんですね。

だん子　偏頭痛が酷くて、目の前に黒くて丸い水玉やギザギザの光が何カ月も見えていました。でも言えない。誰かに会うとか、テレビでニュースを見ることもほとんどありませんでした。価値基準は、師匠と兄弟子です。

相山　それだけ辛くても、自分から辞めようとは思わなかった。

だん子　私は落語が好きでその裾野を広げたいと思っています。いろんな人が落語に接して、その楽しさをわかってもらいたい、入り口になったらいいなと思って入りました。落語はこれからの医療や介護の分野にも効果があると考えています。さまざまな反対があったなか、弟子にしてくれた師匠には本当に感謝しています。ですから、師匠から辞めろと言われない限り全力で続けようと思っています。

これからのだん子

相山　立川流の昇進基準の歌舞音曲はどちらで。

だん子　踊りは入門前に藤間流を習い始めました。

相山　講談は。

だん子　「三方ヶ原軍記」の一部を講談の先生に習いました。

相山　談四楼師匠に最初に習った噺は何ですか？

だん子　「寿限無」です。初高座も「寿限無」でした。初高座は二〇一四年八月十五日、師匠の下北沢の独演会でした。この日は私の誕生日で、誕生日に自分で「寿限無」をやって、師匠に名前をつけてもらいました。

相山　師匠の噺を聞いて覚えて、師匠の前で演って、よければ上演許可がでる。

だん子　そうです。

相山　入門されたときにお着物はどうされたのですか。

だん子　男仕立ての着物をネットで買いました。

相山　これから演ってみたい噺はありますか。

だん子　「厩火事」「お見立て」「死神」「のっぺらぼう」好きな噺はたくさんありますが、まずは落語の基礎に立ち返って勉強し直したいです。

相山　新作はご興味はおありですか。

だん子　新作も作ってみたいです。少し時間があるようになって、こういうの面白い、とか湧いてくるんです。最近はいろんな想いが昇華していく、こんな人がいたな、あんな人がいたな、デフォルメして伝えても面白いなと、あとはその人たちをどう組み合わせていくかです。

相山　リラックスするとアイデアって湧きますね。どんどんこれからアイデアを形にして、高座にかけて欲しいです。ご自身の会はいかがですか。

だん子　自分の会を広げて行きたいです。

相山　地元の文京区白山でもできるといいですね。落語が好きな飲食店のオーナーさんは多く、カフェやバーで落語会がありますね。あとで懇親会など飲食をすれば、お店にも利益が出ます。どなたかと二人会もできそうです。最後になりますが、これからの抱負、演ってみたい噺などありましたら、お聞かせください。

だん子　将来的には英語落語をやってみたいと思っていますが、まずは落語の基礎的なことをきちんとできるようにする。しっかりと落語に取り組みたいです。あとは「どうして私が落語家になったのか」というところに立ち戻って、わかりやすくてみんなが楽しんでくれるような、お客様に安心してもらえるような落語がしたいと思っています。

相山　「ウケればいい」「笑いが多ければいい」というのではなく、長期的な目で見ていらっしゃる。人が笑って心が開いて、初めて見える、感じることもあると思います。

だん子　落語のおもしろさを伝えて、わかってもらって、みんなが楽しめる落語になるといいと思っています。

相山　それは常に感じています。最初に落語や寄席に触れるきっかけが、だん子さんになるように、「忠臣蔵」は男性の話ですが、女性から見た「忠臣蔵」もあります。だん子さんならではの視点で、落語の世界を見せていただきたいです。これからのさらなるご活躍を期待しております。

インタビューを終えて

落語家になりたければ、プロの落語家に入門する。そこにあたっては男性でも苦労するのに、女性となるとまた大変なものです。お話を伺ってしばらく言葉が出ませんでした。女流落語家は増えたとはいえ、落語家全体の一割くらいでしょうか。女性を弟子にするには、談四楼師匠にも周囲の目が集まっています。その分、他の弟子よりも厳しく接することもあるでしょう。だん子さんはそれを乗り越えて、二ツ目に昇進しました。

落語家を目指した動機は、介護経験からでした。落語を聞いていたら認知症の親戚が回復した。これを見て落語の持つ力に圧倒されます。「笑う」ことで認知症や病気の人が安心して暮らす、生きてて楽しいなと思ってもらえるようなことができたらと考えます。弟子入りするなら立川談四楼師匠、他にはいない。仕事を辞め、不退転の決意で挑みます。お読みいただければ、彼女の覚悟や芯の強さがおわかり頂けると思います。努力、身体限界までの辛抱というより忍耐……岩をも通す一途さです。

だん子さんは、立川流家元、立川談志の孫弟子です。彼女のなかには立川談志から受け継いだ立川流の教えが入っています。落語の裾野を広げ、落語に接して、その楽しさをわかってもらい、最初の入り口になる。落語のおもしろさを伝えて、みんなが楽しめる落語を演りたい。彼女のビジョンです。それを焦ることなく、屈することなく、諦めずに華を咲かせて欲しいです。落語を愛し広げていきたい者として、また女性としても彼女に心からのエールを送ります。

ここまで歩いてきたことは、だん子さん自身が知っています。このインタビューを読んで、少しでもだん子さんに興味をお持ちになったら、ぜひ彼女の出演する立川流寄席や落語会に足をお運びください。ライブの彼女の高座にふれてください。そして一緒に応援し、見守ってください。

「だんだんよくなる、だん子です」

［取材日、二〇一八年十一月二十七日、椿屋珈琲店池袋茶寮］

第六章　春風亭一花さん

雰囲気に惹かれて

相山　落語との出会いをお聞かせください。
一花　最初に見たのは(柳家)花緑師匠[1]の独演会です。
相山　どういうきっかけですか。
一花　母が連れて行ってくれて。
相山　お母様は落語ファン？
一花　当時そうではなかったと思いますが連れて行ってくれました。実家は下町で落語に親しみがありました。祖母はちゃきちゃきの江戸っ子で(五代目古今亭)志ん生師匠[2]が好きだったみたいです。テープを持っていました。花緑師匠で落語を初めて聞いて分かりやすくて、とにかく楽しかった。大学に入って、近くにあった池袋演芸場[3]へ先輩が連れて行ってくれました。

相山　落語デビューは大学生ですか？

一花　大学に入ってからですね。落語は聞いたことありませんでした。

相山　それからは池袋演芸場へ。

一花　ですね。寄席の雰囲気にすごく惹かれました。

相山　どんな雰囲気でしょう。

一花　大人の人たちがまばらに居て、昼間なのに働いているのかな？　って。でもその仏頂面のおじさんが笑うんです。あぁ、この人このタイミングで、こんな感じで笑うんだというのが、すごく楽しくて。これは、お囃子の恩田えりさん[4]が仰っていたんですけれど、最初まばらでだんだん人が入ってきて、トリ[5]に向かってゆっくり気持ちが上がっていって最後にでバン！　と打ち上がって解散。客席はお互いに最初はもちろん知らない者同志です。なのに、最後の一体感。終わったら解散！　これが楽しいって。

芝居が好きで大学では演劇サークルに入っていました。演者が入れ替わり立ち代りバトンタッチしてゆく感じがおもしろかった。芝居って開演から幕まで出演者が全員楽屋にいるんです。寄席も師匠方がずっと楽屋にいて、前にやったネタを全部聞いているんだと思っていたんです。そうじゃないと知って、凄いなって。ちゃんと流れがあるのに、ネタ帳[6]を見ただけで、師匠方はそれを汲んでる。面白い！　って。

相山　お目当てがいるとか、噺が面白くて通うのではなく、全体の流れを見る、その雰囲気に惹かれて通っていらした。

一花　最初はそうですね。

相山　やっぱり演劇の経験で、見る視点が違いますね。

一花　裏を勝手に模索しちゃいますね。

相山　びっくりしますね。演劇の方から見たら、自分の出番が終わったら帰るって。

一花　そうなんです。

芝居から落語家へ

春風亭一花さん

一花　父親が演芸好きで、従妹の男の子と小っちゃい頃から漫才コンビを組まされて、お正月に親類の前でやる恒例行事があったんですよ。おじちゃんの癖とか、おばちゃんの口癖とかまねて。従妹のお姉ちゃんの結婚式で二人で（海老一）染之助・染太郎師匠(7)の真似をやったりして。人前で何かやって笑いが起きる感覚に魅了されてしまいまして。寄席の空間は、親戚のおばちゃまとかおじちゃまとかの前でやる、昔やったあの感じに非常に近くて、凄く懐かしい雰囲気があったのかな。

相山　小さい頃から人前に出ることが抵抗ないことが、演劇の方へ。

一花　でも、小学校に上るときに相手の男の子が思春期になって、もうやりたくないって、漫才コンビは解散に。そこで「これってめちゃくちゃ恥ずかしいことだったんだ」ということに気づいて、中学手前からプッツリ。人前に出るということが非常に恥ずかしくなりました。なるべく目立たないように学園生活を送っていました。「目立つのって恥ずかしいな」という感じだったんです。みんなでお祭りみたいにわーってやるのは好きだったんですが、自分が前に立つのは恥ずかしいというのがあって。ただやっぱり根は好きなんですよね、親に隠れて芝居のビデオを夜中に見るようになりました。芝居好きの友達に誘われて、高校三年生のときに自分たちで文化祭にお芝居やったんです。そこで爆発しました。

大学に行って、就職ってときに自分が普通に働くというイメージが持てなくて、なにか創ること、芝居をやりたいというのがあったんですね。ただ両親から、食べていかなくちゃいけないということを言われました。手に職をじゃないですけれども。家も袋物屋で自営業。工場に職人さんがいる家でした。

相山　そうなんですか。

一花　大好きなお芝居だったんですが、一生の職業として役者女優を目指している方々と共に過ごす機会があり、そこで違うんじゃないかと。

相山　なぜですか。

一花　わたし、笑いに走ってしまうんです。お芝居はやっぱり脚本があって、演出家の先生がいて、そこに染まっていくというものだと思う。でもそこに自分が出ちゃう。

相山　役者さんの方向ではない。

一花　お芝居好きだけれど役者にはなれないのかもしれない。どうしようと。

相山　でも表現はしたい。

一花　なにか創りたい、でも何か違うなぁと。二十歳のときに、親戚同士の食事会で私も成人して何か決意表明というか話さなきゃいけない場ができて、今自分が芝居に夢中になっていることをちゃんと、皆に伝えたいと思ったんです。でも「大学で芝居やってます」ってなんか怪しいじゃないですか。大学行かせてもらって、じゃぁ就職は？　ってところで「芝居やってる」って不穏な響きじゃないですか。

相山　大学まで行ってお芝居とは何事かと。

一花　趣味ならいいけれど、役者になりたいとか、親はちょっとザワっとするじゃないですか。でも皆の前で一言ってなったときに、やっぱりちゃんと自分の決意表明をしたかったんです。こういうことをやりたいって。でも一人芝居やったってしょうがないし。じゃぁ、みんなの前で小さい頃と同じように、楽しんで貰えるようなことをって思ったとき、ちょうど花禄師匠の独演会に行ったときにCDを買っていたのを思い出しました。当時確か「寿限無」[8]ブームで，落語なら一人だし、相手の男の子がいなくてもできる。老若男女でみんなに分かりやすく、分かってもらえると思って落語をやったのが大きなきっかけでした。

相山　初高座はご親戚の前で「寿限無」を。

一花　親戚の前ではやるものじゃないですね。でもやってみて性に合ってるというか、非常に気が楽だったんです。一人で笑いにむかってもいいじゃないですか。

相山　自分のタイミングでできますね。

一花　だから、もしかしたら私にあってるのかも！　と思い込んでこちらの方に来ました。若いってすごく怖いですね(笑)。

おかっぱ頭で突進！

相山　最初は花緑師匠をおもしろいなと思っていたのが、なぜ一朝師匠[9]に入門を。

一花　いざ弟子入りとなった時に、ものすごく反対されたんです。父親は演芸好きで、賛成してくれると思ったら大反対されて。

下町なので、落語家さんとのお付き合いもあったりして「裸になれるのか」と言われて。

勘当騒ぎになりました。

結局食べていかなきゃいけないので、父のツテで商業演劇、お芝居の方もう少しやってみようという流れになりました。その間に、お世話になっていた割烹料理屋さんで、落語をやらせていただきました。私がお声がけして素人落語会をやったんです。

古典も新作も聴くようになりました。面白いんですよね。お芝居って一つの役を生きるわけで、「あなたが次どの役をやるのか、その人の演技を見なきゃ、そこを考えなきゃいけない」お姉さんから教えていただいて。全くその通り、ハッとしてその時にやっぱり自分がやりたいことは、ひとつじゃなくて、まるごとが好きなんだって気づきました。

相山　流れや雰囲気、その世界観がまるごと。

一花　そうですね。やっぱり落語をやりたいと思ったんです。それで両親を説得して仕事をやめました。久しぶりに池袋演芸場に行ったんです。そしたら三、四年経っていたんですが、もうびっくりするくらい変わってなくて。匂い、雰囲気、流れ、客層、お客さんの感じ。感動したんです。

相山　変わってないことが嬉しかった。

一花　驚きました。そのままずっと続いているのが不思議でした。やっぱり落語家になりたい。弟子入りをしようと思ったんです。

相山　なぜ一朝師匠だったのですか。

一花　師匠の噺を聞いてです。

相山　どこで師匠の噺を聞いたのですか。

一花　初めは音源でした。この師匠がいいなあと思って名前を調べて寄席に。必ずどこかの寄席に入っている師匠でした。当時、鈴本[10](演芸場)に出ていらしたので、そこに通ったりしてやっぱり一朝師匠に入門したいと。女性の弟子は取らない師匠が多いですから。何も知らなかったのがよかったんですね、知っていたらうちの師匠の門は叩けなかったかもしれません。

弟子入りするには楽屋口で待つしかない。師匠の出る寄席を訪ねて履歴書持って行くというのが本に書いてあって。

相山　それはどちらの寄席で？

一花　末廣[11](新宿末廣亭)です。師匠が末廣に出ているときに。

相山　師匠が出てくるところを待って。

一花　待って、アタックですね。「弟子にしてください」って。

相山　そのときの一朝師匠の反応は？

一花　驚かせてしまいました。鳩が豆鉄砲食らったみたいな表情でした。

相山　女の子がいきなり突進してきて、入門のお願い。

一花　師匠は怖かったと思います。自分では取り敢えず断られてもまず一週間通う。ダメだったら仕事を探して、アルバイトしながら、長い時間かけてお願いに行こうと思っていました。楽屋口の確認だ……とか、今日話しかけるわけじゃなくてもいいとか……自分にいろいろ言い訳しながら。こちこちに緊張して待っていたら出口から師匠だけでなく、見習い[12]の人も出てきた。見習いの人が先にもう居る！　それを見て、私はもう採ってもらえないかもしれないと思って。そうしたら逆に身体が動いて気付いたら走っていた。「弟子にしてください」って。それが今の一刀兄さん[13]です。雨が降っていて、私は私服で、髪も乱れたおかっぱ頭の女が雨のなか追いかけて来て、驚かせてしまいました。

「ちょっと今忙しいんだよ」

断わられると思いまして、咄嗟に「また明日来ます」と言って逃げるように帰りました。

次の日履歴書を持ってスーツを着て、改めてちゃんとご挨拶しようと出待ちしました。喫茶店で話を聞いてくださって、そこで入門のお許しをいただきました。

相山　二回目にしてすぐＯＫ。

一花　夢みたいでしたね。

相山　よかったですね。入門するときに何か言われましたか。

一花　師匠と何を話したか興奮していてあまり覚えていないんです。やっぱり非常に厳しい世界で、女の人を採ったことがないから正直言って良く分からない。男の子を育てるのと違うから分からないと言われました。見ず知らずの良く分からない者を受け止めてくださったこと。笑いながら「わかったわかった。とるよ」と言ってくださったときの笑顔は今でも焼き付いてますね。

仕事を辞めて背水の陣でしたので、喫茶店で泣きました。師匠に気まずい思いをさせて、これが最初のしくじりですね。

「一度しか言わない」

相山　すぐ入門で見習いさんになるのでしょうか。師匠のお家に朝行って、外出時はカバン持ちを。

一花　一刀兄さんと交互でお付きをしていました。見習いは結構長かったです。一年半ちょっとあったかな、当時は楽屋待ちの見習いが多かったです。

相山　寄席に入るまでの準備期間が一年半。一刀さんとの入門の差はどのくらいですか(今の寄席は入門者が多く、一年以上寄席に入るのを待っている見習いさんがいる)。

一花　兄さんが弟子入りしたのは一、二カ月前。でも兄さんが楽屋入りしてから、私が入るまで半年くらい空いていたかな。

相山　寄席に入る前に、着物のたたみ方や寄席の太鼓の叩き方とかイロハを教わるのですか。

一花　はい。うちは兄弟子が多く、私は八番弟子だったので一刀兄さんと一緒に、兄弟子に教えてもらいました。

相山　太鼓は師匠の家に？

一花　ありました。師匠が笛を吹くので音曲はきっちり最初の一番(太鼓)[14]とか二番(太鼓)とかは師匠から教わりました。そこから朝之助兄さん、[15]一蔵兄さん[16]に教えてもらいました。

相山　寄席で着替える場所は別のお部屋とか、衝立で仕切られているのですか。

一花　一緒です。体育の授業みたいですね。小学生のときに隠しながらやるとか、あの感じ。私は抵抗はないです。ただ、周りが気を遣わないように気を遣います。

相山　師匠のお着物のお手伝いとかは？

一花　もちろん、最初は自分の師匠だけです。楽屋入りして前座になると、すべての師匠につきます。楽屋入りしてからは家に帰っても、覚えなくてはいけないことがたくさんあって他の師匠の着物のたたみ方とか。寄席のルール。うちの師匠は穏やかで優しいです。怒鳴ったり、声をあげて怒ったりすることはないです。その代わり入門して師匠から一つだけ言われたのは「一度しか言わないから」って言われたんです。「一度しか言ってもらえないと思いなさい」って私はそう聞きました。だから、昨日言われたことをもしかしたら今日できてなかったらもう相手から言ってもらえない。そう思うと、気が気じゃなくて。逆に毎日怖かったですね。

相山　仕事のあいだにメモは取れるのですか？

一花　取ってもいいんです。でも「取ってます」ってのはダメなので、聞いて覚えて見えないところで書いてみたいな感じでみんなやっていました。楽屋入り前に兄弟子からいろんなことを教えてもらって。「はい」と「ありがとうございました」と「申し訳ございません」だけでいいと。

相山　それ以外の言葉は。

一花　無い。お前の意見は無いっていう。教えていただいたら「はい」。間違えたら「申し訳ございません」「すみません」とちゃんと謝る。良くしていただいたら「ありがとうございました」「いいえ、それは」とか「本当はこうだったんです」とかはダメ。

相山　実際に違うこともおありでしょう。

一花　なかなか難しいです。現場にいる兄さんによっても考え方が違うし。毎日その生活をしていると、本当はこうなのにと思うと、ときどき言い訳を言ったりする。そうするとあとで家へ帰って大反省。そんな繰り返しでした。

どんな師匠も最初は前座

相山　極力己を殺して自分を出さない。立前座になると、少しは変わるのですか？

一花　変わります。前座さんの寄席での役割は楽屋入りするとまずは高座返し、(17)それができるようになったら楽屋に居て師匠方の着付けを手伝ったり、御用聞きをしたり。その次が太鼓番。その後が立前座(18)になります。だから下から順々に上がっていくんです。

相山　仕事も変わっていくのですね。

一花　すごく良くできていると思います。まずは一番に入って下準備をして、最初に寄席の一日を知るという感じですね。お客様の状態も高座返しが一番良く分かっているんです。

相山　前座さんは、高座からちらっと客席を見るだけですね。

一花　高座返しは唯一、最初から最後まで高座に上がれるので。生で雰囲気を感じていられるというか、でもあまりじろじろ客席を見てはいけないので肌で感じながら。で、次の出番のめくり(19)をめくって、戻ってお茶もおだししたりします。

相山　お茶は一人何回だすのですか？

一花　一応三回です。入って来て、お着物着て、高座から出て、です。「来て着て出て」と教わりました。三杯、それも師匠によって好みが違うんです。白湯だけとか、冷たいのかとか熱いのとか。マニュアルではないですけど好みがあって。でもいちいちメモを見ながらじゃ間に合わないので、毎日繰り返しやって覚えます。

相山　伺っていると人を育てるのに、よくできたシステムですね。

一花　本当によくできていると思います。すごいなと思うのは、すべての師匠がこの過程をやっているんです。必ず同じルートでみんな修業する。

相山　やらないで来た方はいない。

一花　だから師匠たちは、こちらの気持ちが分かる。胡麻化してもばれてしまいます。すごくおもしろいです。高座返しができると次は楽屋番で、楽屋に来る師匠たちの着付けの手伝いや、お茶をだしたり、師匠たちと長く接してオールマイティに動かなければいけなくなります。

相山　一番難しそうです。

一花　大変な仕事が楽屋番。楽屋番がいいと寄席はよく回ります。ここがすごく大事で、楽屋番は下にも指示しなければいけないし、上も察しなければならない。高座返しのできないところをカバーしたり、楽屋で全体を見る勉強をするんです。高座返しのときはもうやることがいっぱい、覚えることもいっぱいで、はっきり言って自分のペースになっちゃうんです、いろんなことが。これやって、あれやって、怒られる！　みたいな。ただ、それだけじゃダメ。全体を見て、今この師匠はお茶を必要としていないかもしれないとか、「マニュアルじゃない」ってことを察し始めるのがここです。

相山　慣れて状況が見えるようにならないと分からないことですね。

一花　暑い日に汗をかきながらいらした師匠が、いつも温かいお茶だけど本当に温かいお茶でいいのか。悩みますよね。お伺いたてたほうが気持ちいいのか、いつもと同じがいいのか、すっと冷たいお茶だすのがいいのか、その師匠が気持ちよく楽屋では過ごして欲しい。当たり前ですけど、師匠の気持ちは師匠しかわからないので、結局は自己満足なのですが。なるべく近くにいきたい。その師匠のことを観察する義務があるなと。イライラしてるなとか、疲れてるなとか、今日はすごく調子が良さそうだなとか。見ていて、だんだん楽屋の流れや雰囲気に慣れてくるんです。

そして、その後が太鼓番。

相山　一番太鼓、二番太鼓、出囃子[20]。

一花　ここまでくると流れも分かってくるし、ひとつひとつこなしていって、最後の立前座(タテ)まで四年。見習いを入れれば五年。

「お前が全部やるな」

相山　立前座さんの主な仕事とは。

一花　楽屋のタイムキーパーになります。ただ、師匠たちのほうが前座よりもよく寄席のことが分かっていますから、訊かれたら答えるかたちですね。今日この寄席はこんな感じで進んでるっていうのがすべて分かってる人が立前座です。

相山　よく「何分でお願いします」[21]っていうのは誰が？

一花　タテが言うんですけど、みんな聞かれなかったら言わないです。本当に知りたいときとか、おあとの師匠に事情あるとかはありますが、基本は師匠方にお任せします。師匠方のほうが寄席のことはよく分かっていらっしゃいますから。根多を確認して、帳面に書いて師匠方におあとをお願いします。寄席が円滑に回れば良しです。足りないところがあったらやるぐらいで、もうタテになると動かないで見ています。

相山　タテは動かない。

一花　下の人がやるのを見ている。

相山　動けなくてしんどいときはありませんか。

一花　歯痒いときもありますが、ぐっと我慢してやらせないといけないのです。失敗しそうになったら割って入る。

相山　後輩が失敗したら立前座は代表して謝らなくてはならない、と聞きました。

一花　本人が謝るのが前提ですが、立前座は四年間寄席に居るわけです。師匠たちも高座返ししからその子のことを見てきて、こちらは前座ですけど四年間楽屋で御一緒させていただいています。

一番下の子が何か失敗したとき、タテが謝ると「じゃあ、お前の顔に免じて許してやろう」みたいになるんです。

相山　円満に終わりますね。

一花　師匠たちは基本、前座には話しかけてくださらない。言われたことに応えるだけ。タテになると逆に、師匠たちが名前を読んで話しかけてくれたりするんです。

相山　そういう決まりがあるのですか。

一花　決まりはないのですが、名前読んでくださったり、話しかけてくださったり。覚えていただけるのはやっぱり嬉しいです。

相山　前座時代の心に残るエピソードがありましたらお聞かせください。

一花　ある師匠に「お前が全部やるな」って言われたんです。特に高座返し、楽屋番の頃。師匠が動かなくていいように、私が全部する！　みたいな時期でした。だけどそうじゃないと。カルチャーショックでした。師匠ご自身がやりやすいようにというか、その師匠のリズムで、周りでその師匠がやるようなことを先にとらないというか。それってちょっとうっとうしいじゃないですか。

相山　行く手を阻まれるようです。

一花　師匠が動くなかで、あれ取ってほしいな、かゆいなってところだけをすっと動く。それが一番大事なのだと知りました。

相山　難しいですね。人によっては、昨日それでよくても、今日は違うかもしれない。

一花　ルーティンが決まっている師匠も、そのときの気分の師匠もいらっしゃるので。でもその日師匠が過ごしやすそうで、機嫌よく高座に上がってくださると嬉しいですね。ああ、今日はよかったって。だから師匠方の間を読むんだっていうようなことは、すべてのことに今も活きている気がします。おもしろいです。自分のペースに巻き込むのもいいですけど、まずは相手を見て相手の流れに乗って行くのがおもしろいです。

相山　それをプレッシャーに感じずに、おもしろがる一花さんの感性が素晴らしいです。物事を俯瞰して見ていらっしゃる。

一花　もう一度、前座やれって言われたら、絶対、嫌ですけど。前座修業が終わって、自分ができなかったことも含めて、糧になったと思っています。

気持ちの切り替え方

相山　一花さんは、コミュニケーションの達人のなかで研鑽を積まれています。日々の暮らしでしんどいことがあったとき、どうやったら気にせずにいられるか、楽にできるかと悩んでいる人に、気持ちの切り替え方があれば教えていただけますか。一花さんもひとりでお仕事をされていて、言えないこともあるかと思いますが。

一花　切り替え方ですか、イライラするとお風呂に入ってお湯を手のひらで叩いて発散したりしますす。怒りはパワーだと思うんです。発散したら、あとは「軽くいる」っていうのが、すごく大事だと思っています。構え過ぎない、準備しすぎない。軽く、身軽にいるっていうか、佇むというか。もともと自分は考えすぎちゃうので。

相山　深刻になりすぎる。

一花　そうですね。深刻になりすぎる。ひとつ失敗して、どうしようと気持ちがいっぱいになってしまい、固まって動けないのが一番よくない。そこですごく落ち込んでも、何が悪いか整理できたら、とりあえず現場に行く。頭で考え過ぎないことですかね。また怒られるかもしれない、何か言われるかもしれない。けど、行く。動く。それをしないでそこでシャットダウンしちゃうと、もうそこまでなんです。

相山　現場に行くことで活路を見出す。

一花　そうです。自分が思っているよりも、意外と相手からすると「怒ったけど、俺も昔やったし」ってことだったり、楽屋にいるときに学んでいくんです。しくじっていても、次の日そこに行かないと答えが出ない。

相山　身軽でいるというお考えはいつ頃からですか。

一花　楽屋修業を経てですね。それでいいんだな思いました。別にみんな完璧じゃないし。そう思ったらすごく気持ちが楽になりました。入門前はなんでも失敗したら一貫の終わりって思っていました。あとはやはり師匠、一朝の背中です。

相山　遅刻しただけで破門だっておっしゃる。今でもありますか。七時に来いって言ったら、六時半に来いって。

一花　それぞれの師匠によって違いますね。とにかくみんな、自分の師匠がいいようにするっていうこと。勉強になった修業期間でした。

相山　すべては師匠方に、いい気分で楽屋で過ごしてもらって、高座に上がってもらう。リレーのバトンのようにトリまで運んでいき、お客様にも喜んでいただく。

一花　それが一番です。私は本当に人に恵まれたと思います。周りの方のおかげですね。一門の兄さんたちを始め周りの方に可愛がっていただき大目に見てもらっています。

相山　最後に、これからの活動をお聞かせください。

一花　私はまだ二ツ目になって一年くらいなので、噺の数を増やして、いろんなことに失敗してもいいから挑戦する。自分で決めつけちゃうところがあるので、決めつけないで素直にやって、マイペースに自分を見つけてゆきたいと思います。

相山　貴重なお話をありがとうございました。寄席の楽屋や前座さんの修業も詳しくお話くださって勉強になりました。

インタビューを終えて

二ツ目になって一年半ほどの春風亭一花さん。女性の声をそのまま変えずに、自然体で話しているところが好きなのと、聞いていて気持ちのいい高座、落語に対して一途なところ、かわいらしさのなかに芯の強さを感じて、インタビューをお願いした。

大学時代と商業演劇の経験がそうさせるのだろうか。とても俯瞰して物事を見ている。体の流れや雰囲気、匂いまで感じている。寄席に行けば普通は演者を見るが、彼女は仏頂面のおじさんがこんなところで笑うんだとおもしろがる。前座時代も、普通なら緊張しそうな場面でもおもしろいと感じる。この感じ方は、生きる上でとても強み。

深刻になりすぎず「身軽に佇む。軽くいる」

失敗した翌日、同じ場所に行くのは辛い。でも行く。そこに彼女の芯の強さを感じる。深刻に、重くなりすぎない。ふんわりした雰囲気のなかに、どこか、からっとしたものを感じるのはこの感じ方があるから。

楽屋仕事を順繰りに説明してくれて、これで寄席の前座仕事が詳しく分かった。落語の世界とは、寄席の楽屋とは、こんなにも上手に人を育てるシステムになっているとは驚きだ。長いあいだに培ってきたにしても、芸に惚れて何もかも捨てて飛び込んだ者への教えでもあり愛情でもある。今回のインタビューは、これから落語家になろうという人たちへの参考になると思う。

彼女は、「人に恵まれた」「叱っていただく」と何度も言った。可能性があるから叱る。理不尽なときもあっただろう。しかし、どんな師匠も最初は前座からスタートする。だから師匠たちは前座の気持ちが分かるんです、とそれさえおもしろがる。先輩方を信頼していなければ言えない言葉。

「相手を見て相手の流れに乗って行くのがおもしろいです」

冷静に見ていないとできないこと。どのタイミングで乗るか、度胸も要る。

お話を伺っていて、こちらまで洗われるような、爽やかな気持ちにさせてくれる一花さん。彼女はひとつひとつ階段を確実に上がっている。これからもどんどんチャレンジして、また違う一花さんを見せてください。

　とっても楽しみにしています！

註

（1）柳家花緑（本名・小林九、一九七一年八月二日、東京都豊島区生まれ）。社団法人落語協会所属の落語家（真打）。出囃子は「お兼ざらし」。五代目柳家小さんは母方の祖父に当たる。叔父は六代目柳家小さん。

（2）本名・美濃部孝蔵、一八九〇年六月五日〜一九七三年九月二十一日。明治後期から昭和期にかけて活躍した東京の落語家。出囃子は「一丁入り」。戦後の東京落語界を代表する落語家の一人。

（3）池袋駅西口にある寄席。

（4）芸人が高座に上がるときに使う三味線や太鼓で奏でる音楽。また、それを演奏する人。恩田えり氏は落語協会所属のお囃子さん。

（5）寄席のプログラムの最後の演者。主任ともいう。

（6）楽屋でその日に出た演芸の題目を書く帳面。後から出る芸人が見て自分の演目を決める。

（7）実の兄弟による伝統演芸「太神楽師」コンビ。「お染ブラザーズ」の愛称で「おめでとうございま〜す」と言いながら和傘の上で毬や枡を回す芸が有名。

（8）早口言葉あるいは言葉遊びとして知られる古典的な噺であり落語の前座噺。

（9）春風亭一朝（本名・浮ケ谷克美、一九五〇年十二月十日、東京都足立区生まれ）。社団法人落語協会所属の落語家（真打）。

（10）東京・上野にある寄席。

（11）東京・新宿三丁目にある寄席。

（12）師匠が入門を許可すると前座見習いとなる。まだこの時点では落語家になると所属する「協会」に登録されないので、楽屋には入らない。前座見習いの仕事は、師匠（あるいは兄弟子）に付いて仕事先へのかばん持ち、師匠の家の雑用、そして前座（楽屋入り）になるための修業（落語の稽古、着物の着方やたたみ方、鳴り物の稽古など）。

（13）春風一刀（一九八七年十二月生まれ）、二〇一三年春風亭一朝に入門。二〇一七年十一月二ツ目昇進「春風一刀」と改名。落語界では先輩を兄さんと呼ぶ。女性は姉さん。

（14）寄席で開場時に叩く太鼓。「ドンドンドンと来い」と聞こえるように叩く。二番太鼓は、これから始まるという合図に叩く。「お多福来い来い」と聞こえるように叩く。

（15）春風亭朝之助（本名・漆畑雄介、一九八四年三月十一日生まれ）、二〇〇九年春風亭一朝に入門。同年十一月前座となり「一力」。二〇一四年六月二ツ目昇進。「春風亭朝之助」と改名。

（16）春風亭一蔵（一九八一年七月十三日生まれ）、二〇〇七年八月春風亭一朝に入門。二〇〇八年四月前座となり「朝呂久」。二〇一二年十一月二ツ目昇進「一蔵」と改名。二〇二二年真打昇進。

（17）演芸の終了後、次の演芸の準備をすること。ちなみに、落語と落語のあいだは座布団を裏返し、めくりをめくる。

（18）前座のなかで一番先輩。

（19）高座で芸人の名前が書かれている紙

（20）芸人が高座へ上がるときにバックに流れる音楽。芸人によって専用の曲がある。テーマソングのようなもの。

（21）寄席は演芸をする時間が決まっており、前後の具合でそれを早めたり、長くしてほしいときに言われる言葉。「師匠、十分でお願いします」など。

［取材日、二〇一九年七月一日、カフェ・ベローチェ淡路町駅前店にて］

第七章　前田五郎師匠

弟子入り

相山　インタビューさせていただく前にYouTubeでコメディNo.1の漫才を拝見しました。

前田　へぇー、そんなん出てるの。

相山　失礼ながら映像で見る限りとてもピリピリして恐い方なのではと思っていました。

前田　映像見たら、みんな僕のこと恐いと思いますよ。

相山　でも昨日お話させていただいて（八月十三日快楽亭ブラック師匠の会にゲスト出演後の懇親会で）、とてもお優しくて、お人柄が滲みでるような感じがしました。

前田　いえ、そんなん。他の人のときは知りませんけど、僕のときは普通の言葉で行きましょ。「お」つけんでもいい。五郎さんで行きましょ。

相山　ありがとうございます。では、五郎さんと呼ばせていただきます。昨日の高座は（『三越前名人会』）お客さんがワル乗りすることも、変にエキサイティングになることもなく、内容がキツイのにそう感じさせなくて。

前田　いや、感じてる人もいてるでしょ。

相山　やはり想いを整理されていることと、芸への自信がそうさせるのでしょうか。昨夜の高座のことは、ツイッターでもかなり上がっていましたが、内容は危なくて書けないと。

前田　あんなのなんぼでも書いてくださって結構ですよ。

相山　直接聞きに行ってくださいって。

前田　なるほど。言葉そのまんま載ってない。みんな引くわな。書いてくれたらええねん。

相山　そもそも、この世界に入ろうと思われたきっかけは何ですか。

前田　僕は高校のときからお笑いに入ろう思うとったから。若いからわからへんやろうけど、大村崑、佐々十郎(1)、雁之助兄弟(2)（芦屋雁之助・小雁）、茶川一郎(3)て知らんでしょ？　藤田まことさん(4)とか、そういう人たちが関西にはいっぱいいてんねん。亡くなった方は別にして、名前上げた人は全部付き合いがあった人だから。

相山　漫才では浅草四郎(5)先生に弟子入りをされましたが、どういうところに惹かれて弟子になりたいと思ったのですか。

前田　花月で、浅草四郎・岡八郎、新喜劇の岡八郎さんて知ってますか？　その人と漫才やってたんです、「四郎・八郎」。漫才師で初めてテレビCMをしたコンビです。三田のコピスターダーツやカミソリのシェーバー等。個人的に四郎師匠が大好きで、梅田花月の楽屋に何回行ったかなぁ。最後、楽屋では飽き足らずに家まで行って。千里の公団住宅の四階が師匠の自宅。何回も通って八回目やったかな。

相山　それは弟子入りのお願いで。

前田　そうそう。

相山　八回目ということは、すでに七回断られている。

前田　そう。それで八回目のときに奥さんが出てきはって「これだけ来てんねんから、しばらく付けてあげなさいよ」って仲取り持ってくれて。その奥さんのおかげで「しゃあないわ、明日から梅田花月へおいで」って。それから次の日から鞄持ち。

相山　そのときおいくつでしたか。

前田　十九歳。大学行っとってんけど、即辞めて。

前田五郎師匠

修業時代

相山　入門されて一年後、吉本新喜劇に入団されます。

前田　落語の人でも一緒で、弟子入りしたら三年修業せなあかん。僕ら漫才の場合でも同じで、師匠の元で修業する。それが鉄則やったんです。でもうちの師匠は、そういう面ではとても型破りの人で「三年ついても、しゃあないやないか。もう一年ついてんねんから、あとなあ、新喜劇でも行って勉強して来い」そういって外へ出してくれた。吉本新喜劇の一番下から入った。

相山　他の世界も勉強しなさいという。

前田　普通、師匠は落語や漫才の弟子は楽屋に置いておきたいもんや。「おい、着物たため」命令せな。昨日の夜でもあったでしょ、(懇親会で)一番下の子(落語の師匠の前座さん)が働かなならんでしょ。ああいうの、僕、大嫌いやねん。うちの師匠の頃に同じこと見てるから、ああいうときは一番下の子は連れて行ったらあかん。絶対に使われるから。うちの師匠は、公の場であういうとき、こいつは使われるなと思ったら、連れて行かなかった。

相山　その人の芸の修業とは別物とお考えだったんですね。

前田　その分を、楽屋の隅の方に一日立ったままで、師匠が「お茶！」ハイッとか、「おい、草履！」ハイッとかで、三年過ごすわけ。その三年間の内にマナーを学ぶ。朝早く会えばどなたに会おうと、「おはようございます」、最後帰るときは「お疲れさまでした」この言葉がまず最初。人に会ったら頭のてっぺんを相手に見せ、と。たとえば、パッと会うて、こいつは僕より下かな(後輩)と分からんときがある。どういう挨拶をしていいか、そのときは頭を下げとけば間違いない。躊躇したらあかん。

相山　躊躇すると相手にわかってしまう。

前田　そうそう。相手もね、躊躇する。あと即「浅草四郎の弟子で前田と言います。よろしくお願いします」頭のてっぺんを見せる。

相山　九十度でおじぎの挨拶。

前田　縦社会やからきつかったんよ。それと、ものすごく大事なことでね、弟子入りしている三年間でいろんなことを学ぶわけ。まず行儀を学ぶのと、楽屋の仕組みを学ぶ。そして、僕の場合はうちの師匠が「楽屋で物を盗み！」「舞台の後ろへまわって芸人の芸を盗め」って言うのね。初めわからへん、でもしばらくして分かったのは、物ではなく形にならない「芸を盗め！」チャンバラトリオ(6)って昔いたでしょ。あの人ら東映の出身で、刀の差し方、帯の結び方、着物の着方、草鞋の履き方結び方、本格的な三度笠の被り方。あれ難しいねん。ピュッてとる、被り方よりも取り方のほうが難しい。取るときにカツラが付いてこないようにする。そういうことを実際に見て教えてもらう。それから、帯の結び方ひとつでも浪人結び、町人結び、いろんな結び方があるわけ。そういうのを盗め、というわけ。

相山　見て盗んで来いと。

前田　そうそう。僕はチャンバラトリオさんの四人には可愛がられた。ものすごく親しくしてもらったんで、遠くで見てるんでなしに直に「教えてください」って飛び込んで行ったもん。ほんなら終わったときに「五郎ちゃん、おいで。よう見てな」と楽屋で袴をね、袴のたたみ方、正式なたたみ方ってちゃんとあんの。線に沿って、折り目に沿ってね、でそれを何回も何回も「やってみ」

って「違うやろ」ってそういうふうにして全部覚えた。そのときはチャンバラトリオさんが僕の師匠！　これを「盗め」と言う。いわゆる、手に職をつける、授業料の要らない勉強。

相山　どの師匠方も、みなさん気持ち良く教えてくださるんですか。

前田　まずはうちの師匠の名前があるから。これはものすごく強みやった。一般で普通で入って来たもんが、そこら辺で「教えてください」「お前なんや！」って言われる。浅草四郎の弟子やと分かってるから、みんな。「四郎ちゃんの弟子か」って、食事も連れて行ってくれるし、だから師匠の名前で得してる。

相山　お金では買えない財産ですね。

前田　そう、今でも女性の帯の結び方全部知ってますよ。それは後になって役に立つ！　成人式の日に女性と「ほな、行こう」って言ったら「いやや、帯が……」「まかせとき」そこは得しとる。全部脱ぐ前に帯の形をスケッチしておく。頭の中で覚えられへんから、だいたいの形をスケッチしておく。後で取っても結べるから。そういうしょうもないとこでも役に立っとる。

相山　芸は身を助く、ですね(笑)

前田　この場合は違うがな(笑)

吉本新喜劇へ

相山　その後、漫才で坂田(利夫)さんとコンビを組まれます。最初に会ったときに「この人と組んだら天下が取れるな」という感覚は。

前田　全然！　そんなこと。漫才のコンビ組むとも思えへん。ましてや、天下が取れるなんて思ったこともない！　吉本新喜劇が毎年、劇団員を募集しとったのね。だいたい一回募集したら全国から二千人くらいは集まった。

相山　当時二千人！

前田　僕の年の応募者人数が二千人。新聞でニュースにもなった。宝塚歌劇団の三倍の応募数やったって。一番最後に残ったのが坂田と西川きよしとレッツゴー三匹のじゅん、この3人が残ったわけ。じゅんと西川きよしはすぐ受かったけど、坂田はクビやと。そのとき審査委員長やった花菱アチャコ[7]先生が、「あいつはおもしろいから残しとけ」という先生の一言で残った。

相山　二千人のなかの三人！　毎年必ず三人取るわけではないんですね。

前田　ないない。あかんときもある。十人単位で取るときもあるし、ゼロのときもある。だから彼の場合は、アチャコ先生の一言がなければ後のコメディNo.1もなかった。

相山　二千人のなかの三人って、当時からそうとうおもしろい人で。

前田　書類審査で一枚ずつずっと目を通すなんてやらないもん。まずどこから見ると思います？　家が金持ちかどうかから見る。ここだったら金持ってるから、なんかあったとき大丈夫やろ、と。今でもこの制度が通用する場所はいくらでもあるのと違う？　漫才の神様と言われた秋田實[8]、あの先生も審査員やった。そうそうたる方々のなかで、審査受けてんやから。

相山　そこに残れるだけで夢のようなこと。

前田　うん。ところが吉本興業のセコイところは、書類を出すだけで当時、二千円か三千円取る。

相山　当時で三千円！　今だと一万円以上です。

前田　それくらいの金を書類出すだけで取ったわけ。今も昔も吉本興業の金の集め方の一つやね。

相山　さすが吉本興業！　坂田さんと出会ってコンビを組むまでは時間がかかったのですか。

前田　最初は吉本新喜劇は三組に分かれてた。それは劇場が三つあって、大阪のなんば花月（現：なんばグランド花月）、うめだ花月、京都の新京極の京都花月（現：吉本祇園花月）、その劇場を三組が順番に十日ずつ回っていた。一日から十日までを上席（かみせき）、十一日から二十日までを中席（なかせき）、以後は二十一日から三十日までを下席（しもせき）。だから友達同士で「おい、上どこやねん」「上なんばや」ってそういう言い方をしたの。

相山　必ず毎日仕事があるわけですね。

前田　芝居の場合は毎日。いろもん、漫才とかはたまにしかない。新喜劇の場合は三館必ず最後のトリをとらなあかん。三館はもう、新喜劇でも僕らみたいに中堅のトリになってきたら、休みくれっていったら、一日じゃなくて十日休まなあかん。だから、最低でも三カ月前に会社に、この日からこの日まで休ましてくれと届けなあかん。楽日（らくび）終わったから明日から休ませてくださいは通れへん。最低でも三カ月前。

相山　毎日仕事があるのはありがたいですね。

前田　それはもう、「いろもの」に比べたら楽。心も楽やしね。

コメディNo.1誕生

相山　坂田さんと組もうと思われたきっかけは。

前田　新喜劇三組のなかの同じ組やった。それでどこ行くのも一緒。うちの師匠が漫才でうめだ花月行くのも、終わったときに飲みに行くのも「おい、彼を一緒に誘ったれや」僕は飲めへんから、ご飯行くときなんか誘ったりで、ずーっと一緒におった。六年くらい新喜劇におって、坂田に話を持ちかけた。「僕、漫才師の弟子やから漫才したいんや。する気はないか?」って。その前に師匠にはいうてるからね。「彼と漫才したいんですけど、OKもらったら一緒に漫才してもよろしいですか?」って。「断られたら仕方ないですから」って。彼も新喜劇の下っ端ばっかりやってもしょうがないから、いっぺん漫才やろうかって乗り気になって、そんで漫才やった。

相山　コンビ名の由来は。

前田　吉本新喜劇の台本を書いてた「檀上茂」という、今も元気でいてはる先生と仲が良かったので頼んだ。そこで「コメディNo.1」というのをつけてくれて、初の漫才の台本もお願いして書いてもらった。今でも題名覚えてるよ「牛皮の財布」と言うねん。東京の「(夢路)いとし・(喜味)こいし」[9]「(中田)ダイマル・ラケット」[10]じゃおもしろくないから、新喜劇のコメディ出身なんやから一番になれと、「コメディNo.1」という名前をつけてくれた。

相山　当時は斬新なコンビ名ですね。

前田　あとで言われた。あの頃は司会が確か今田(耕司)と東野(幸治)、二人がまだ大阪におったときね。二人が司会で漫才の正月番組の対談があった。ベテラン組と若手と。そのときに僕が、いとし・こいしのこいし師匠に「しかしこの頃の漫才師というのは何やけったいな名前つけて、ほんまにあれどないなってますの。あんな名前そのまんまでええのに」と僕が言うたとき、こいし師匠が「そら、君んとこが一番や」言われた。「コメディNo.1前田五郎・坂田利夫、君んとこ一番やないか」。これはもう笑い話やけど、ああそうかと思った。こいし師匠に言われるまで、そんなの全然思ってなかったから。せやから訳の分からん名前付けるのは、お前とこがはしりやて。

相山　元祖ですね。

一年目で売れっ子に

相山　漫才を始めて、すぐ売れっ子になって、一番お忙しいときってどれくらいの仕事量ですか。

前田　毎月レギュラーが十六本。というのは、当時漫才のコンビ組んだはいいけど、最初から売れるという意気込みで二人ともやったわけやない。僕らがコンビを組んで一年目に、横山やすしがタクシーの運転手を殴る事件があった。彼らその頃十三本くらいレギュラー番組持っとったん。それが全部うちへきた。で、やすきよの後に僕らがレギュラー持ったから。思えば、ありがとうと、やすしに言わんといかん。ものすごいきっかけや。あれで彼らの仕事、みんなきたわな。それで売れ出した。

相山　何がきっかけってわからないですね。

前田　まさか一年目でそんなことが起こると思わへん。これから何年か修業してとか、そういう考えでおったからね。

相山　急に時の人になって、売れて気持ちの切り替えというのは。

前田　ついていけない。花月で十日間やるのがたまにでしょ。それがもう、ものすごう売れた人なんかは一日四時間しか寝られへんなんて、こいつらたいそうに言いよるって思たけど、ほんまや。実感した。

相山　何が何だかわからなくなりませんか。

前田　一日八本も漫才したらパニックになる。ネタがどれがどれやらわからなくなる。あの頃はネタ関係なしに、顔さえ出せばお客さん納得してくれた。うちの漫才はだいたい普通の漫才で、坂田がボケたら「お前アホか」って突っ込む「コラッ！　誰がアホやねん！」って。漫才の台本は彼は書けないから、全部僕が台本書いてましたからね。あるときに台本執筆中に、坂田がボケたら前田が「お、お前アホやろ」と突っ込む。坂田が「誰がアホやねん！」というごくオーソドックスな漫才をやっていたが、これをそのまま逆らわずに「うん、アホや！」と受けてみたらと舞台でかけたらこれが大受け！　他の並行の漫才師より二段も三段も頭が抜けて、見事なギャグが生まれました。

相山　今までにないかたちですね。
前田　普通やったら怒るとこをね。
相山　あの笑顔と雰囲気で。
前田　それがひとつハマったね、ネタで。
相山　かなりブームになりました。
前田　「アホの坂田」でレコードまで出して。
相山　ただ「コメディNo.1」ではなくて「アホの坂田」が独り歩きを始める。
前田　それがあんねん。そやけど唄ってるのは僕で、坂田はセリフだけやったのに、坂田ひとりの仕事ばっかり入ってきた。

仲の悪いコンビ

相山　辛くはなかったんですか？
前田　辛かったし「コメディNo.1」の仕事が坂田ピンでの仕事になっていって、泣きたいぐらい舞台が休みの日が続いた。そのあたりからいがみだしたね、コンビの仲が。
相山　それまでは会話も普通に。
前田　ところが、漫才コンビというのは、どこのコンビでも仲が悪い。ほんまに仲が良かったのは「(今)いくよ・くるよ」ぐらいなもんで、後はほとんど仲悪かった。

相山　そうなんですか。

前田　いく・くるはほんまに仲良かった。

相山　最初は売れようと思いますから、話もしたりすると思います。だんだん売れてくると、方向性とかで仲が悪くなるものですか。

前田　坂田の相方に対する配慮がまったく無かったのが一番の原因です。一般的に僕のほうが態度が大きいし、生意気に見られたのですが、事実はまったく正反対でした。人間として接したら、五郎さんてこんな人やと分かってくれて。事なかれ主義やねん。とにかく事は起こしたくないねん。その辺歩いてて肩がぼーんと当たっても、「すいません」って僕のほうから頭下げた。

相山　我慢しちゃうんですか。

前田　我慢はしない。それが普通やと思うてるから。

相山　無理ではないんですね。

前田　事が大きくなるのを、頭下げることでそこで止まるから。なんやねん、お前のほうこそなんやねん、食ってかかったらこうなるから（パンチする）、それがめんどくさい。だから僕のコンビなんか、約五十年漫才やったけど、喫茶店へ行く、食事へ行く、ふたりっきりでどっかで会うとか一回もない。マネージャーとかインタビュアーの第三者がおってはじめて、二人で飯食おうか、お茶飲もうかやからね。

相山　では、楽屋で会って、打ち合わせして、舞台出て、そのまま帰る。

前田　うん、別々。

相山　そのほうが舞台で上手くいくとかありますか。

前田　それはあるね。ネタが二つ拾えるから。スタッフがおったり、誰か友達がもう一人いて、三人居てるとき、飯食いに行っても飲みに行っても、行動が一緒ならネタ一つじゃないですか。別々に動いたらネタ二つに増えるわけ。僕の分と坂田の分と。

相山　なるほど。

三角形の戦い

前田　「漫才というのは三角形の戦い」これが僕の理論です。これは、僕と坂田と戦いせなあかんわけ、「なあなあ」でいったらあかん。お互いに火花を散らしての戦い。戦こうて火花を散らして、二人の戦いの矛盾をお客さんにぶつける。お客さんとわれわれ二人と三角形の戦い。だから、喧嘩をお客さんへ尋ねるわけ。その答えは何やゆうたら笑いに変わるわけ。

相山　お客さんはそんなことに気づかないでしょうね。

前田　お互いに次に何言おうか、どういう言葉を返してくるかどうくるかという、将棋でいうたら、先をずっと読んでるからね。だから言葉の戦い。

相山　一拍息がずれたら、滅多なことでは元へは返せない。

前田　何秒か狂うたら最後まで引きずる。全然面白くない。

相山　つかえてもだめ、二十分なら二十分、緊張してお客様の目に晒されて失敗したら怒られるし。

前田　なんば花月で僕らの前に出た若い奴らが、降りてきたとき舞台の袖で「今日の客は悪いわ、ほんまに悪い客や」って言いながら来よるわけ。客が悪いわけないねん。お客さんにお前らが負けたんや。笑えへんてことは、お前らお客さんに負けたんや。

相山　笑わせられなかった。

前田　それは負けや。漫才師ですって看板上げてる以上は、看板だけのことはせい！って。せやからお客さんに負けたんや。お客さんに完負け。「今日の客は悪い客や。ほんま笑いくさらへん」こんな奴はドツいてやりたい。

相山　寄席でも聞きます。今日は客がセコいから笑わないって。ほんとうに舞台は誰も助けてくれませんものね。厳しい世界です。

前田　サラリーマンの一年分を一日で稼げる日々が続くことによって、それが「普通や」と勘違いしているのが己ではわかってない。天狗時代が何十年と続いていたのが、全然気が付いてなかったんですよ。それに甘えて今の自分があると、甘え過ぎや。そのときにしっかり、何千万かの何分の一でもこっちに残しておけばね。でもその頃の芸人はそれをやることは「恥」とされとった。

相山　かっこ悪い、セコい。

前田　そうそう。「飲む打つ買う」芸人はせないかんという。

相山　守りに入ってはいけない。

おもしろくない今の漫才

前田　今の漫才がそやねん。関西の漫才は守りに入ってしもてるから。みんなもう事なかれ主義。

相山　テレビでもあります。クレームが来ないよう来ないようにしている。

前田　テレビも手抜きになってきたから、全部手抜き。昔はね、番組一本撮るにしても、浅草の雷門の提灯、ああいう提灯を舞台の後ろにどーんと吊るして、そこへ全部出演者の名前を書いていた。せやからそれくらい手の込んだことをしたということね、今はもうそんな手の込んだこと一切なし！「かしまし娘」「宮川左近ショー」「ダイマル・ラケット」「いとし・こいし」「漫画トリオ」「阪神巨人」に至るまで提灯に名前が入ってた。漫才師は自分のスーツ着て行って、漫才したら金もセットも何にもかからん。それで手抜きが多い分、お客さんも手抜きになってきたんですよ。凄いなあ、漫才の後ろにあんなセットあって。あれ何て書いてあるの？そういうのが無くなってきた。

相山　凝っているのが感じ取れないと、お客様も気持ちが引いて行く。よくできたものですね。

前田　漫才以外にそういう手の込んだとこを、いわゆる大工の棟梁ですわな。今で言う舞台監督。手の込んだところを、漫才以外に見るとこがあった。今はそれが無い。それで、漫才おもしろくないから。もうどないもならんですよ。

相山　ピカピカ光るセットばかりで、そちらに目が行ってしまいます。

前田　東京は特に、フジテレビとか。正月番組ではそれがある。セットのほうが勝ってしまって、やる漫才師がネタ負けしてしまう。それはおもしろくない、ということね。

相山　わかります。

前田　今はもう、漫才の「生」はほとんどないですよ。やたら危ない奴ばっかりだから。

相山　全部録画してチェックして、カットされると聞きました。

前田　そうそう。大阪に行く機会があったら、なんば花月で「中田カウス・ボタン」が出てるとき、いっぺん見てください。あいつらネタ何十年と変わらない。なんば花月では、ずーっと落語か漫才があって、カウス・ボタンがいわゆるトリですわ。トリを打った後で吉本新喜劇だ。ところが、その前で漫才のめくりが「カウス・ボタン」て出たら、お客さんが全部トイレへ行ったり、椅子を立ってスーっと姿消す、今そういう状況が起きてる。いつもおんなじネタ。おもしろくない。常連のお客さんもわかってるわけ。ほんで電話が事務所に架かってくる。「今週はカウス・ボタンは出てますか」って、「出てます」っていうと「ほな、やめよう」。連鎖反応が起きてます。あんだけおんなじネタやってたらあかん。ネタ変えへん、やっぱりネタ変えな。それでお金もらってんねんから。

相山　やはり興行の方と、そういった方とのお付き合いは。

前田　上に行くほどある。

相山　それはいろんなところで公演がしやすい、ということでしょうか。
前田　それを通さなんだら、向こうから公演を潰される。
相山　馴れ合いにならないと興行は成り立たないものですか。
前田　昔ほどではないけど、暴対法がかなり効いてますから。裏ではある。上に行くほどある。
相山　それはなくならない。
前田　五十年以上も吉本におったら大概のことは分かる。常務、専務、社長、会長やて、みな僕より年下ばっかりやねん。だから大崎（大崎洋氏、二〇〇九年から社長）でも、僕のマネージャーやっとったときがあったからね。

今のお仕事

相山　今の活動状況をお聞かせください。大阪でのライブはどんなスタイルで。
前田　大阪では、落語家さんが落語を二席やって、僕が十分程やって、あと対談というのが一番多いかたちですね。
相山　快楽亭ブラック師匠との出会いはいつ頃ですか。
前田　彼が（立川）談志師匠のとこをクビになって、三枝（現：六代桂文枝）に預けられた。そのときから吉本をうろうろしとったん。出番は全然なかったわ。
相山　かなりお付き合いは長いんですね。

前田　それからしばらく彼が東京へ行き出してからは疎遠になっとった。三年くらい前から彼が大阪で公演するようになって、僕は落語が好きやから観に行った。そのとき、僕だいたい知り合いの舞台を観るのは、一番後ろに隠れて観たいほうやねん。ちゃんとお金払って観るよ。そのままっと帰りたい。帰ろうとしたら「前田五郎師匠ですか」「そうです」「楽屋でブラック師匠が呼んでるんです」と言うて呼びに来た。で、久しぶりやなぁ、ゆうて。彼が大阪で四十年前、下ネタばっかりのエロ映画撮ったり、舞台へ出たり、あの頃から変わった奴やなと思うとった。内緒では観に行っとった。ついこの間、名古屋で彼に呼ばれて今回のようになった。ありがたいことです。

相山　東京でのライブは。

前田　十一年振り。今日でも昨日でも大阪からわざわざ来てくれるお客さんが居てんねん。そんなんものすごく嬉しい。新幹線往復にホテル代まで使こうてね、大阪でなんぼでもやるのに。嬉しいことや、ほんまに。

相山　東京のお客様は変わった感じがしますか？

前田　いや、今はもう大阪弁が使える。昔は大阪弁なんか通用せんかった。「せやからな」とかそれが通じるから。昨日も見てもらったと思うけど、ちょっとはウケてるんかなと、だからお客さんが僕らをノセてくれるわね。

相山　テレビに(明石家)さんまさんが出たあたりから、東京でも大阪の言葉があたりまえになりました。

前田　そう、だいたいそうやねん。
相山　その前はちょっとやっぱり。
前田　その前はね、言われとったのがアッコ、和田アキ子。アッコが一人でね。
相山　そうですね。
前田　だから、ほんとうに名前の売れたというか、そういう人とものすごい知り合いになれたっていうのはね麻雀のおかげ。和田アキ子とは麻雀友達。麻雀友達はムチャ多い！　そりゃ麻雀ては難しいんで、付き合い麻雀は絶対にちょっとだけ勝つことですわ。うんと勝ったらだめ。
相山　ちょっとだけ勝つって難しくないですか。
前田　あんまり勝ちすぎても、今度から呼ばれんようになる(笑)
相山　ほどよく勝たないと。
前田　そんでも、まず負けることはない。

最後に

相山　こんなことは失礼かも知れませんが、昨日の懇親会で時間を気にして早く帰りなさいとおっしゃってくださって、とってもあたたかい人だな。親戚のおじさんに遅いんだから早く帰りなさいって言ってもらっているような気がしました。すごく嬉しかったです。
前田　いえいえ、そんなことない。

相山　夜はいつも何時くらいにお休みですか。

前田　毎晩二時に寝ます。で六時に起きる。四時間睡眠。冤罪事件があってから睡眠薬ないと寝られへん。

相山　睡眠薬を飲んで四時間で起きられますか。

前田　四時間寝たら起きられる。だからほんまは睡眠薬なしで四時間寝られたら……。それまではどこでもね、職業病でどこでも寝れたし、でも今回のことでストレスで神経参ってしまって。子供（真希さん）には辞めてくれって言ったのに、本人が芝居好きやからね。吉本へ入ることは大反対やった。ましてや吉本の男（吉田裕さん）と結婚（二〇一八年一月）したでしょ。息子から「お父さんご飯食べに行きましょう」とか、結婚したらそんなんあると思ってた。ちょっと楽しみにしとったところもあるわけ。ところが向こうから何の連絡もない。先月も一カ月入院しとったけど、一回は見舞いに来たらしいが、メールで「お父さん大丈夫？元気ですか」と来ただけ。メール百回打つより一回顔出せって。これもうまいことといかんなと思てる。娘夫婦と食事行ったり、談笑するのが夢やってんけどね。もういろんな老後のこと考えとってんけど、嫁さんと最後はクルーズね。世界一周ゆったりと周ってきて、それで終わりにしようってゆうとった。あかんね、船ってめちゃくちゃ高いね。何千万や。

相山　船内でお金を使うメニューがいっぱいありますね。

前田　何かあったら金、何かあったら金ばっかりや。

相山　長時間、ありがとうございました。今夜のライブも楽しみにしています。
前田　わざわざ暑いなかをありがとうございました。

インタビューを終えて

その人は約束の時間ぴったりに現れた。

「ホテルに着いてから電話をください」と言われ、電話をしようとした瞬間だった。とても驚いた。前田五郎氏といえば「コメディNo.1」で一世を風靡したお笑い界のレジェンド。その人が、駆け出しの私に、そんな誠実に対応してくださるとは思っていなかった。頭を九十度に下げてお辞儀をされる。恐縮極まりない。

YouTubeの動画で拝見するととってもピリピリした印象があった。でも目の前にいる五郎さんは、とても誠実で、正直で「いい人」。ご紹介くださった快楽亭ブラック師匠が「私が今まで出会ったなかで五本の指に入るいい人」とてもよく分かる。

浅草四郎師匠のことを話すとき、とっても五郎さんは嬉しそうだった。何十年経っても師。大好きなのが伝わってくる。師匠と弟子の関係は、実の親子より濃いかもしれない。あのように自身の軸をしっかりもって、揺らがないなどできることなのだろうか。それは、人として芸人さんとしての矜持なのだろう。

売れっ子になり、数々の舞台で修羅場をくぐる。でもそれ以上の修羅場をくぐることになる。九年前のことで五郎さんは、未だに睡眠薬がないと眠れない。話を聞けば聞くほど、私は言葉を失った。よく耐えて来られたと思う。何を言っても、あの体験の前には言葉は薄くなる。

その晩のライブで、冷房で喉の調子が悪い、後ろの人は聞こえますか?とお客様を気遣っていた。七十六歳の五郎さんは一時間以上も舞台に立って漫談をされた。でもインタビューでは一言もおっしゃらなかった。知らないとはいえ一時間以上も話してくれた。

いつも本は二冊持ち歩いている。一冊読んですぐに次が読めるように。あの事件から、新聞もテレビも止めてしまったが、新聞は十三社取っていた。昔は大学ノートとペンを持って、電車のなかで会話からネタをひろった。やっぱり、売れる人は違う。歩みを止めずに、さらに一歩先を行く。自然な周囲への気遣いも人柄が滲み出る。初めてお目にかかったのは、お江戸日本橋亭の楽屋だ。挨拶する私の手をぽんと軽くたたいて(それが何ともいえない軽さと心地よさ!)、「五郎さんでいきましょ」と、人としての余裕も感じた。

昭和芸能史というよりドキュメンタリーを聞いているようで、メディアと真実の差も、まさに事実は小説より奇なり、だった。

初めてお会いした前田五郎さん、もっともっと話を聞いていたかったです。気持ちも体もタフで、これからもライブを楽しみにしています。貴重なお時間とお話をありがとうございました。

註

(1) 佐々十郎(ささじゅうろう)(一九三〇年一月十六日~一九八六年一月十一日)は日本の喜劇俳優、コメディアン。本名・佐藤太吉(さとうたきち)、愛称はササヤン。

（2） 芦屋雁之助（あしやがんのすけ）（一九三一年五月二十九日〜二〇〇四年四月七日）は日本の俳優、歌手。本名・西部清（にしべきよし）。愛称は雁ちゃん。京都府京都市出身。京都市立朱雀中学校卒業。芦屋小雁（あしやこがん）（一九三三年十二月四日生まれ）は日本の喜劇俳優。本名・西部秀郎（にしべひでお）。

（3） 茶川一郎（ちゃがわいちろう）（一九二七年三月三日〜二〇〇〇年十一月九日）は日本のコメディアン、俳優。

（4） 藤田まこと（一九三三年四月十三日〜二〇一〇年二月十七日）は日本の俳優、歌手、コメディアン。東京府東京市（現・東京都）豊島区池袋生まれ、京都府京都市育ち。

（5） 浅草四郎（一九二八年〜一九六八年）。本名・海住清一。新興キネマ新興演芸部所属だったコメディアンの甲斐力夫（後の沢力夫）の門下で甲斐力三と名乗った。後に風船座に入る。一九六一年四月に吉本新喜劇出身の岡八郎（後の岡八朗）とコンビを組み人気を得る。一九六六年七月にコンビ解消。

（6） 時代劇風のチャンバラを主題とした剣劇に加えハリセンを使っての体を張ったネタを披露した。結成時は三人組だったため名前をトリオとしたが、四人組だった時代が長い。最末期の生存メンバーが二人となって以降も一貫して名前は変更されなかった。愛称は「チャントリ」。

（7） 花菱アチャコ（一八九七年七月十日〜一九七四年七月二十五日）は大正・昭和期の漫才師、俳優。本名・藤木徳郎。福井県勝山市出身。

（8） 秋田實（あきたみのる）（一九〇五年七月十五日〜一九七七年十月二十七日）は日本の漫才作家。本名・林広次（はやしひろつぐ）。大阪府大阪市玉造出身。第二次大戦前より漫才の台本製作や寄席番組の構成等に関わり、現在の漫才の原型を作り若手を育てた、上方漫才を代表する漫才作家。戦前・戦後の功績から「上方漫才の父」とも呼ばれる。

（9） 夢路いとし・喜味こいしは、一九三七年から二〇〇三年まで活動した、夢路いとしと喜味こいしの兄弟による日本の漫才コンビ。一九三七年に少年漫才コンビとして活動を開始。二〇〇三年九月、兄の夢路いとしが死去するまで活動を続けた。一九九九年、大阪市が無形文化財に指定。「上方漫才の宝」と呼ばれる。

（10） 中田ダイマル・ラケットは大阪を中心に活躍した漫才コンビ。出囃子「拳の三味線」。戦後の上方漫才を代表する兄弟コンビ。「爆笑王」の異名をとった。愛称は「ダイラケ」。（ウイキペディアより抜粋）

［取材日、二〇一八年八月十四日、東横イン浅草蔵前雷門ロビーにて。前田五郎師匠は二〇二一年十月十七日にお亡くなりになりました。享年七十九］

第八章　本牧亭席亭・清水孝子氏

その1

講談今昔

相山　本牧亭は、先代（二代目神田）山陽先生が亡くなる前に洋服姿でしたが、高座でお話くださったのを聞いています。あまり詳しくなく、ぶしつけなことを申し上げるかも知れませんが、どうぞよろしくお願いいたします。席亭から見た寄席、演芸のこと、今と昔の講談の違い、芸人さんのエピソードなどお話いただけると嬉しいです。

席亭　私でよろしければ。

相山　私の講談の入り口は立川談志師匠でした。「小猿七之助」や「二度目の清書」などから入りました。

席亭　談志さん、いつもうちにいらしてました。
相山　談志師匠が聞いていた頃と、今の講談に違いはありますか。
席亭　落語もそうですけど、古典てね、先生方が練りに練って完成されちゃっているようでも、やっぱりそのなかに新しいものが入らないと受け入れられないんですね。なんでもそうです。歌舞伎でもなんでもところどころに新しいものが入ってくる。若い役者さんとか、どっかに新しい物入れないといけないんです。私の若い頃は講談で笑いが入るのは、いけないって言われてたんですけど、今は笑いが入ったほうがお客様が喰いついてくるというか、聞きやすいというか。
相山　お客様も昔は講談にお詳しい方が多かった。今は初めて聞く方が多いので、受け止め方が違うと思います。詳しい方と初めての方、どちらに焦点を合わせて演じるとかはあるのでしょうか。お詳しい方が多かったのはいつ頃まで。
席亭　今でもお詳しい方は本当にお詳しいんです。わたしよりもずっと詳しくてらっしゃるから。私は落語でも講談でも聞いてるだけ。勉強するわけでもなし、ただ聞いてるだけなんですから。とにかく理屈とか説明がよくできないんですけど、子どものときから寄席の世界しか知らないので。私の父は、私が三歳前で死んでしまって、母の里だった鈴本が演芸場だったからその前に住んでたんで、ほとんど生まれたときから寄席しか知らない。本当に井の中の蛙じゃないけど、他のことよく知らなくって、世間に出て大分恥をかいたことあります。
相山　今までの講釈師のなかで特に印象に残っている方はいらっしゃいますか。

席亭　昔の方はみなさん個性があって。この人の講談、この人の講談ってのがありましたから。先代の(五代目一龍齋)貞丈さん。子供のときでよくは分からなかったんですけど、話し方がおもしろかったのが先代の(二代目)神田松鯉さん、おじいさん、みなさんおじいさんね。でも若い方いらっしゃいましたよ、やっぱりあの(一龍齋)貞鳳さんなんかはね、華があったし、話もすごくよかったし、若い人に受けるようにしてましたね。こないだ亡くなった(六代目一龍齋)貞丈さんが貞花の頃は、貞鳳さんと競ってましたから。やっぱり華があって勢いがあって。あとは(四代目)邑井貞吉さんは新作やってましたからね。「正直車夫」とか「良弁杉」。子どものときに聞いてても、お芝居みたいに場面が浮かんできて、優しい声の人でした。その人その人で、この噺はもう絶対聞きたいって。本牧亭のときは上が高座で下が住まいでしたから。

本牧亭席亭・清水孝子さん

相山　羨ましい。

席亭　貞丈さんは普段から可愛がってもらったりしましたから。先代の松鯉さんも高座が終わると下に来て一緒に栗をむいて食べたり。夏なんか麻の着物を着てると、高座に出るとしわになっちゃうじゃないですか。それを母が霧拭いてのばして部屋にかけてあったり。先代の貞丈さんなんかは逗子の海へ連れてってもらって。祖父なんかは、噺家さんでも講談の先生でも、先生とか師匠とか言わない。○○さんって言ってました。だから、新宿(末廣亭)の亡くなったおかみさん(杉田恭子さん)のお母さんも何々さんって呼んでましたね。寄席の主人、席亭は言わなかったんじゃないですかね。

相山　私たちは真打という階級を何々師匠、先生とお呼びしないと失礼になるのではと思って。

席亭　そうなんです。昔の席亭はなかったんじゃないかな、そういうの気にしていたわけじゃないんで。先代の(八代目桂)文楽さんとは父も母も仲が良かったので、しょっちゅう可愛がっていただきました。

相山　親しみを込めた感じで文楽さんと。

席亭　そう。そのかわり、前座さんから何から絶対全部呼び捨てにはしなかった。前座とも言わなかった。前座さん、二ツ目さんと、ちゃんとさんづけで呼んでました。祖父に教わって一番印象に残ってるのは「芸人さんって商品だ。自分ところの商品を踏んづけていく人はいないだろう。だから芸人さんは大事にしなければいけない。芸人さんは寄席がなくても他所で稼げるけど、寄席は芸人さんが居なきゃ商売にならないんだから」って。そういうことを祖父から聞きました。

相山　なにげない日常の会話からいろんなことを教えていただける。

席亭　若いときは全然寄席を継ぐ気はなかったんです。母のところも女きょうだい三人、私も妹がいるだけで女二人。たまたま結婚して結局そういうことになった。

相山　まったく思っていないのに、寄席の経営に携わるほうに行ってしまった。

席亭　もうその中に居ましたからね。

相山　講談の○○一門だったら、この噺を大事にするとか、それぞれ一門の方にとって大切な噺は今も守られているのですか。

席亭　あの同じ名前でも流派によって違うんですよ。神田はこれが得意とか、昔はあったんですよね。先代の（六代目宝井）馬琴さんなんかは、やっぱり武芸ものが得意でやってました。一方の宝井はそういうことはあんまりないんだけど、みなさん今なんでもできますから。

相山　あれもできます、これもできますと、特色が薄くなってしまったのかと。

席亭　それはあります。なんていうんでしょう、この噺はこの人じゃなきゃ聞かれないってことがなくなったから、いろいろな噺が聞かれるようになった。

相山　お客さんから見たらありがたい。

席亭　そういうことですよね、今のお客様はね。昔はそれはだめですけど。啖呵もきれないのに三尺物（講談、浪曲で博徒や侠客を主人公とした演目の総称。侠客が三尺帯を締めていたところから）やるとかね。

相山　女流の講釈師がでてきたときに、おかみさんのお母様（石井英子さん）が本流ではないとおっしゃったとか。

席亭　女流の方は半分以上になりました。

相山　どうしても男性の歴史が長い芸能ですから、男性にとって都合がいいように噺ができている。そこに男性が入門せずに女性が半分以上いらっしゃる。どういうふうにかわってきたのでしょうか。

席亭　食べていくのが大変なんです。男性だと家庭を持てないこともあるし、女性は割合に年になって入ってきてもなんとかなるんですけど、男性はちょっと年取って入って来るっていうのはなかなか難しいですよね。講談だと女性でも噺が噺ですからできるんですけど、落語だとちょっと所作も入るしやりにくい。講談だと女性しかできない講談とか、(二代目宝井)琴桜さんとか創ってます。母はああいうの女性が入ってきてもいいけど、女性しかできない噺を上手くやればいいんだけどどって。あとは、母が嫌ったのは女性なんだから、女性が出てきたときには普通の声でやればいいのに。私もそれは未だに違和感感じるんです。昔の上手な人は、貞丈さんでも松鯉さんでも貞吉さんでも、女性が出てきたときもふつうの声でやってたんです。男性だけど女性に聞こえる。(五代目古今亭)志ん生さんがそうですよね。志ん生さんなんか普通におかみさんなんかやると、しな振ってねなんかおかみさんに見えるんですよ

相山　やっぱりどうしても女性で高座に出るから声を作ってしまう。

席亭　最初女性で出てきた人たちが、その女性を前面に出しちゃって。だからちょっと母はあんまり好きじゃなかった。未だにちょっと女性の声は高座には向かないなと思うから。(神田)阿久里さんとか、(田辺)一邑さんも普通にしゃべってます。(田辺)一乃さんとか口だけ話してて女性も男性もでてくるってうのが本当の話芸じゃないかなと思うんです。

相山　女の子があこがれの宝塚の男役の声を真似るような。

落語と講談の違い

相山　落語家さんが講釈を教わりに来るというのは結構あるのですか。

席亭　あります。(柳家)三三さんなんかは、(宝井)琴柳さんに「三方ヶ原」を本当に厳しく。厳しいんですよ、琴柳さんは。談志さんとか(古今亭)志ん朝さんもそうでしたけど、みなさん講談は聞きに見えてました。かといって、講談の人は落語できないんですよ。ただ、「五貫裁き」のように同じような噺はいっぱいあります。「大岡政談」みたいのもあるし。やはり講談ですからね。

相山　「鮫講釈」はあるけど逆はない。

席亭　前進座さんが講談本牧亭で百川燕雄を(四代目中村)梅之助さんもおとうさん(三代目中村翫右衛門)もやった(前進座が「巷談本牧亭」を劇化上演)。講談が上手なの！　役者さんだな〜と。お父さんの講談上手かった。よくお見えにはなってたの。

相山　以前は講談はもっと身近にありました。

席亭　ラジオでもやってました。昔はラジオしかなかったしね。テレビが始まるときもやっぱり番組はあったけど、つまらないでしょ。動きも何にもないから、ただ講釈台しかない。

相山　イマジネーションの世界ですから自分で楽しむことはできますし、話の時間が決まっていますから番組としては使いやすいものではないかと。

席亭　ほどんどやるのはＮＨＫですね。でもＮＨＫの職員さんでも演芸に詳しい方がいなくなっちゃって。でも昔は放送局の方はしょっちゅううちに見えてました。講談はね、やっぱりテレビ向きじゃないですよ。

相山　テレビはたくさんの色と動きがありますから。

席亭　あとは見てるだけでいいなと思えるような、貞鳳さんなんかそうでしたね、見た目もきれいだったし、ああいう人が一人でもでてくれれば。

相山　華やかなスターさんが出てくれれば。談志師匠はどのくらいいらしていたのですか。

席亭　談志さんはほんとうにしょっちゅう見えてました。鈴本まで歩いて一、二分ですから出番前までちょっと講談聞いておこうとか、お茶飲みに来たとか。志ん朝さんなんかは朝太時代から勉強会やってました。（春風亭）小朝さんもずっと勉強会やってました。整理してたら、昔のうちのビラがでてきて、まだ「朝太」って字が。知ってる方はいいでしょうけど、たぶん私が死んじゃったら始末しちゃうんだろうと思ったら今のうちにどなたかに。その頃のビラですから、まだ貞水さんが貞春でした。この頃は、今の寄席文字みたいなああいうのは（橘）右近さんが広げてなかったから鈴本なんかは下足番の人が書いていたんですよ。

相山　そうなんですか！

席亭　今みたいなあんな柄みたいにはなってなくって。あれねうちにある寄席文字は鈴本のその人が書いたんだろうと思うんですけど。太くお客さんがいっぱいに入るって字、今に見たいに確立された字じゃない。

相山　寄席文字は右近さんがお書きになる頃から次第に……。

席亭　そうです。右近さんが橘流を作ってからああいう字になりました。だからその頃のね、めくりがあればいいんだけど。ビラだけはうちに残ってます。

相山　今よりさっぱりしている感じですか。下足番の方が書くのは意外でした。

席亭　それは鈴本なんですね。うちのほうの下足番は何もできなかったから。何しろ母を幼稚園に送っていったとか、そういう人だったから。

相山　ほんとうに長く居てくださった。

席亭　子供の頃から鈴本に勤めているとか、なかには字読めない人いましたから。芸人さんの字なんかは形で覚える、読めない。この字の形はこの人だって。

相山　今は寄席文字を書くことが一つの仕事として確立しています。下足番の方が書くのは仕事の合間に書くのですか。

本牧亭の下足札

席亭　そうです。私の子供の頃は、下足は棚箱じゃなくて、長押（なげし）、下駄ですから。下足札に紐がくっついていて、鼻緒のところに紐を通して、それを棚に、細い竹に釘が通ってるのがずっと並んでて、そこにぶら下げておいたんです。そこに大きい下足札がついてて（かまぼこの板の倍くらい）。それを穴が開いてますから、ひものところに二つぶら下がって一つは固定、もう一つはお客様に渡して、番号のところにぶら下げて。それがだんだん靴になってからできなくなって、それで下足の棚になった。

相山　棚になったのはいつ頃ですか。

席亭　私が小学校、本牧亭の最初のときは棚じゃなかった。縛ってぶら下げてましたから。いつぐらいかしらね、中学生のときですかね。六十年くらい前。

寄席の変化、お客様の変化

相山　おかみさんから見て、お客様は変わってきましたか。

席亭　今の情報ってのはテレビからじゃないですか。だからだんだんお客様がテレビ的にはなってきている。昔はそういうものがなかったから。昔は時事講談ってのがあったんです。前の日にあった事件を次の日に講談にして、貞丈さんなんかもやってましたし、政治講談とかもありましたから、（邑井）操さん、（大谷）竹山さんって方がいました。その人はすごい左寄りの人だったので政治講談専門でした。

相山　古典はやらないで。それはいつ頃まで。

席亭　あの方は、中国と国交ができるちょっと前ですかね辞めたのが。それくらいだったと思います、もうお年だったの。講釈をお辞めになった。その方はずっと講釈師のあいだはずっとそれをやってましたね。あと伊藤痴遊さんは時事講談。

相山　今はそういうことはみなさんまくらでお話になる。たぶん時事講談の頃より話が長くもたないからでしょうか。

席亭　それとニュースがありすぎて、昔みたいにわぁ、これ大変！　なんてニュース、そういうのが次から次へで。

相山　政治講談、時事講談の初めは伊藤痴遊さんですか。

席亭　痴遊さんは二代目。先代もそうだった。やっぱり初代の痴遊さん。斬新。お一人しかいなかったしね。初代の痴遊さんは私も存じ上げない。でももともと講談ってのは、状況説明とか合戦の説明とかそういうものでしたから。

相山　今で言うとニュースというかたちで軍記を語っているのですね。

席亭　それから今の田辺南鶴さんは一鶴さんの師匠。その人は新聞から取って新しいかたちを。

相山　それを初めて出したときにすぐ受け入れられたのですか。

席亭　その頃は古典が主でしたから、なかなか受け入れられなかったと思います。一鶴さんが出てきたときも、みなさんなんか気ちがいじみてるって。でも母が認めてたんです。新しいかたちの講談だ、一鶴さんは必ず売れるって、講談界に役に立つわよって言ってました。

相山　本牧亭をお閉めになってからは……。

席亭　本拠地がなくなって、池之端で一階が料理屋、二階が講談席を十年間やって、それを閉めて黒門町に落語協会の傍で、高座を作って十年間やって、そこがなくなったんで最初の本牧亭があった場所の前にとんかつ屋があって、そこを借りて二年ぐらいやって、そこも改装するのでだめになって、それで太陽さんに声をかけていただいて、ここを拝借しているの。やっぱりこういうかたちですから楽屋もないし、ちゃんとした先生方にはちょっとね。お願いしちゃうときもありますけど、ごく親しい人に、(宝井)琴調さんとか頼みやすい方にしかお願いしませんけど。私としてはもうそろっちゃった人はお仕事あるから。ここで勉強して欲しいなと思う若い人に。

相山　いくらお稽古しても、お客様の前が一番勉強になりますね。

席亭　おうちだと大きな声も出せないし、ここで勉強して欲しいなと思って。

相山　おかみさんから見て、伸びるなと思う人は。

席亭　真打は別ですけど、二ツ目さんで、お願いしているのは(神田)すずさんとか一乃さん。一乃さんはまた独特な講談で一邑さんのお弟子さんだから女性の変な声を出さない。すずさん、琴柑さんもいいですね。やっぱり師匠の方針があるので。だから(一龍齋)貞鏡さんなんかは上手ですよね、血筋がある。日本講談協会の方は最近聞いてない。黒門町があったときはうちで定席やってましたから聞いてましたけど、最近聞いてないからちょっとわからない。(神田)阿久里さんと(神田)鯉栄さんはまた別格。すずさん、真面目だし、一生懸命なんで。

相山　へんに目立つことをしない方は見ていて気持ちがいい。講談ブームですから、ひとりの人だけ追わないで、その人の師匠とか、広げてみるといいです。年齢が近い方がされるほうが共感を得やすいようです。

席亭　演じる方もお客さんが分かるから。（神田）春陽さんが講談のまくらで言ってた、北上の町起こしで頼まれて（きたかみ本牧亭）予算が無くって。絶対講談を入れてくださいって条件で、講談、落語家さん。最初は本当に勉強中の人でいいですよって。講釈師の前座さんと、噺家さんは本当に前座さんだと、初めて聞く人がつまらないと思っちゃうから、せめて二ツ目さんで一人連れて。今度十四年目が決まったんです。こんなのってないんですよ。たいがい一年やると終わっちゃうんですけど。三日間、年に四回。最初は四日間だったんです。四日間空いてる芸人さん探すの大変なんです。でも年に四回、十二日間。みなさん講談初めてで、ふつうはお客さん減るんですけど、どんどん増えて、お客さんも聴き上手になって。

相山　お客様も育ってきます。

席亭　そうです。担当の方も耳が肥えてきて、今度はこの人って。何しろ予算がないから。芸人さんにお願いするときは先に出演料言っちゃうんです。そうすると断りやすいじゃないですか、仕事がありますって。でも一度来た方は、お客さんが一生懸命聞いてくださるからって。最初は前座さんと二ツ目さんだけだったのに、その後みんな真打になっちゃって。

相山　そういい会もあるんですね。町おこしでそれだけ続くのはすごいことです。

席亭　だから北上から、芸人さんの真打の御披露目のときなんかわざわざ来てくださる。そうしたら北上市の観光大使があるんですよ。私にやってくださいっていうから、気軽にいいですよって入ってみたら偉い方ばっかりで。抜けられなくなっちゃって、もう八年。北上の桜が咲いたってときに行かないとめったにお目にかかれない。十三年お世話になってますけど一番ピークに行かれたのまだ四回しかない。

相山　講談の会以外でもおいでになるんですか。

席亭　「北上しらゆり大使」の会議が年に一回あって、一回は東京であるんです。（北上観光大使の名刺の満開の桜の下を赤い傘を付けた馬車が通る写真を見ながら）馬車はこのときだけ来るんです、赤い傘で。馬車で土手を桜の拿所と、あとは隣が川ですから川沿いを。桜が咲いてるときに、自然のかたくりの花が咲いてるところが道の向こう側の山にあって、それはきれいなんです。北上は食べものも美味しい。六月はアスパラガス。海があるからお魚、ほやも。最初行ったとき言葉が分かんなくって、商店街の人たちは気を付けてくださるけど、タクシーに乗ったら市長さんまでもなまってて。

［取材日、二〇一八年三月四日、御茶ノ水スカイラウンジ太陽、本牧亭講談会終演後］

その2

家族、そして日常生活

相山　小さいときから自宅と寄席が一緒の建物になっていて、家族の歴史にどうしても講談や芸界のことが入ってきます。寄席の言葉や品物の意味や使い方を分からない人も多いと思います。どういうお気持ちでお過ごしになったのか、おかみさんの側からしか見えない景色や講談をお聞かせください。

席亭　そう思って暮らしてたから、何が違うのかしら。

相山　ご本にもありますが(お母さまは寄席の経営で)ほとんどプライベートがない。お嬢さんとして、もっとお母さんそばにいて欲しいなとか。

席亭　それはいつもありました。ほとんどいなかったですからね。

相山　お友達の家はお母さんとおでかけするのに、旅行に行くのにとか。

席亭　旅行はほとんどなかったです。お誕生会とかそんなのもなかったですからね。「誕生日なんてね、みんなあるんだから」って。もちろんクリスマスもない。お正月だけはありました。昔は元旦から寄席がありましたから。大晦日だけお休みだったから、元旦の朝起きると、枕元に新しい下着と着物、ちゃんと肩上げして着られるように置いてありました。お正月ってそんなもんでしたね。夏休みはすごく嫌でしたね。みなさんどっか田舎行っちゃうとか。宿題で絵日記書くのがありました。なんにも変ったことないんですもん。

相山　お正月のお飾りとか、簡略化せずに毎年なさる印象があります。

席亭　お飾りとかそういうのは全部きちんとしてました、縁起物だから。飾り物はお店用ですね、住まいのところは小さい和飾りとかだけでした。あとは「一陽来復」あれは必ずありましたね。

相山　初詣は。

席亭　ないです。元旦から寄席ですから一緒に行く人いないし。初詣ってお正月が落ち着いてから行きましたね、上野の山の五條天神。ほおずき市とか羽子板市とかは、母じゃなくて女中さんが連れてってくれました。ばあや代わりの年寄りの女中さんがいたんです。

相山　そういうのはお母さまと行けるものではないと。

席亭　そうです。母とは年に一、二回、(母の)姉たちと一緒にご飯を食べに行ったのが。

相山　毎年決めて行くのですか。

席亭　私がひどい乗り物酔いだったんで、あんまり乗り物に乗ってというのはなかったです。伯母(母の一番上の姉)が鈴本(演芸場)の先代の母親だったんで、それが西片町(文京区西片)に居たんでそこにはときどき行きました。その並びに日向の伯父が居たんでそういうところも歩いていけるんで。でも母は一緒に来ないので、妹を連れて。

相山　学生時代にお友達とでかけるとかは。

席亭　高校に入ってからの夏休みに、葉山に父と仲のいい人がいて、そこの家にひと夏居て、それが日本のボクシングの初代チャンピオンだった荻野貞行[1]さん。そこに二年間行ってました。ボクシングの稽古一緒にやらせられました。縄跳びしたり。

相山　すごいお知り合いですね。ひと夏いるとつき合わされちゃうんですね。

席亭　母も家にいられると邪魔だったんでしょうね。

相山　どこのお母さんもお休みはそう言います。

席亭　葉山は二年生のときだ。ひと夏ではなかったですけど、鵠沼の彫塑、箱根の彫刻の森美術館あるでしょ、周りの飾り、あれを作った人。外の展示場で女の人の顔とかあるでしょ、あれ作った人。フランスで有名になっちゃって客死しちゃったけど伊本淳(2)の家に。それが一年生のときか、三年生のときかどっちかだったんですけど。

相山　とてもスペシャルな夏休みですね。

席亭　そうですね。伊本さんの隣がごろうさんっていってたんだけど、稲村ケ崎はいらしたことがありますか、そこに江ノ島で船で遭難した学生の碑が建ってるんです。それを作った人。「ごろちゃん」っていってたんですけど、淳さんは「あっちん」って二人が同じ敷地に住んでてそこに。でも何やってたかしら、奥さんがすごく厳しい人で、朝起きてラジオ体操やらされて。

相山　伊本さんの奥様ですか。

席亭　そうです。お嬢さんが二人いて、そこで初めてスイカの皮の糠漬けを食べて、なんて不味いんだろうって。あとは覚えてないんだけど友達と二人で半月くらいいました。あと、庭に小田急電車が走ってたんですよ。

相山　ええっ？

席亭　庭の垣根のところに。朝、電車がね迫ってくる、ぐわーって。ほんとに帰る間際になってからその音に慣れましたけどね。始発から終電まで走ってた。

相山　よくそんななかで創作活動ができましたね。

席亭　絵じゃないからね。アトリエはついていたんですけど、入れさせてはもらえなかった。

相山　そんな夏休みを過ごせるだけで楽しい思い出ですね。

席亭　海がそばにあって開放的になりますね。

相山　妹さんとはどこかにおでかけになることは。

席亭　そういうところに妹は一切行ってないんです。親戚のところには行きましたけど、西片町の伯母の家には行かなかったです。妹はじっとしてられないたちなんです。じっと本を読むとかできなくて。一番上の伯母の家は、ばたばたしちゃいけないような家だったんで。私は本を見るのが楽しみで、わが家にはそんな本なかったから。世界名作全集とかああいうのいっぱいあったんです。ハードカバーの、それを読むのが楽しみで。

相山　本を読むのは小さい頃からお好きだったんですか。

席亭　本は好きでした。

相山　お家にはどういう本が。

席亭　家にはあんまり本がなかったんですよ。誕生日のお祝いだったか、お正月のお年玉の代わりかな、素敵な絵本をもらったんですよ。伯父が小石川高校の数学の教師で。

相山　ご自宅には講談や演芸の本はあったのですか。

席亭　わかるようには置いてなかったですね。たぶん祖父が持ってたんじゃないかな。家もそういうのはなかった。だいたい本棚が私が使ってるのしかないから。母が本読んでるのあんまり見たことないです。晩年ですね、母が本を読みだしたのは。

相山　毎日本を読む時間もないくらいお忙しく、人も差配しないといけない、そんなお母さまを見てどうお思いでしたか。

席亭　ちっちゃいときはいやでした。やっぱりそばにいて欲しかったし。でも二十歳過ぎてからは母の仕事を手伝ってたりしてましたから。

相山　そうすると、学校から帰ってきてお母さんとずっと一緒のお家より、ご自分の時間が持てますね。自由な時間。

席亭　それはありましたね。

相山　どういうふうに過ごされたのですか。

席亭　私ね、物作るのが好きだったんです。お人形作ったり、あの頃は「ひまわり」とか「それいゆ」[3]とか。

相山　中原淳一さんの。

席亭　そう。ああいうとこにお人形の作り方とか出ていて、それで作ったり、縫い物なんか好きだったし、そんなのやってましたね。

相山　好きなものを集中して作る。でも、お母さまが気にならないわけじゃない。

席亭　今思うと、ものを深く考えたりっていうのがなくってね、もったいない時間過ごしたなって。ほんとうに、くだらない時間過ごしちゃったなって思うんですよ。

相山　ひとりで考えるとだんだん気持ちが落ちてきますから。物を作るのは、どなたかの影響でしょうか。

席亭　母はそういうこと一切できなかったんです。母が作ったので私が覚えているのは、セーター一枚編んでもらったのがあるの、赤いセーター。それだけ。縫い物は和裁はやっぱり、昔の人ですから普通のものはできたみたい。女中さんができたので、編物なんかは最初はやったし、ほぼ女中さんがかりでしたね、何かやるの。映画観るのも女中さんが付いてきたし。

相山　映画はどちらで。

席亭　上野に映画館は十軒以上ありました。ほとんどタダですから。

相山　外出は全部女中さんが付いてきて。

席亭　ほとんどそうですね。

相山　日々の召し上がりものも女中さんが作る。

席亭　台所の女中さんがいました。母はお料理できなかったから。

相山　住み込みの方もいて、みなさんと一緒に召し上がる。かなりの量を一度に作るのですね。

席亭　どのくらい炊いてたんだろう、二升くらい炊いてた。

相山　いっぺんに二升！　それは専用の方がいないと。

席亭　お店の人が何人居たんだろう。私の婆や代わりの人が、本当は鈴本の女中さんだった。どういうわけか、家に住んでいた。その人がずっと付いていてくれて。寄席に従業員っていうか、女中さん六、七人いましたね。そのなかで泊まり込んでいるのは四人。

相山　通いの方も朝、昼、夜と召し上がるのですか。

席亭　お昼だけだったかしらね。そんななかで芸人さんも一緒に食べてましたね。

相山　いつもいろんな人がいらして。今とは違う暖かさがありますね。

席亭　学校の行事があるとご両親が来るじゃないですか。うちは来ませんから、女中さんが代わりに来るとか。雨が降っても傘持ってくるのは女中さんだし。運動会に親が来たのも、私は覚えがないです。中学の先生の怒られたことあるんですよ。高校受けるのに進路決めないといけない。そのときに「お前の親は何してるんだ。来ないじゃないか」って怒られたことある。それはすごいショックでした。私は母に勉強しろって言われたことないんです、一度も。でも母はあの当時としては、府立第一高女(東京府立第一高等女学校・現、白鷗高校)ですから、たぶん一番上まで行って、妹が高校行きたくないって言ったときは、「高校だけは出なさい」て言ってましたけど。私が高校に行くとき、全部自分で決めて。

相山　お母さまに進学の相談とかは。

席亭　母はね、私が今の府立第一、この学区では一番上だったの、そこに行くもんだと思って。私はそこまで頭よくない。そのすぐ下の忍岡高校、それは母のすぐ上の姉はそこでてるんですよ。一番上の姉は府立第一高等、じゃあ姉さんが行ってたんだから忍岡に行きなさいって。私もそうするつもりだったんですけど、演劇部に入りたかった。瀧野台高校が演劇で東京都で優勝した学校なんですよ。それでそこに行くって、校舎も新しくなったって行ったら、前年に男女で合宿をしたかららって廃部になってたんです。一ランク落として滝野台に行ったんだけど。

相山　学校に行ってお友達と一緒に過ごしているうちに、やっぱりわが家は違うんだなとお感じになったことはありましたか。

席亭　中学・高校になると、父親がいなかったし、話す言葉も違う。私たち馬鹿馬鹿しい芝居の台詞でやりとりして。

相山　わかります、日常会話がそれなんですよね。

席亭　そういうの友達に言ってもポカンとされて、何なんだろうって思ったり。「驚き桃の木山椒の木、ブリキに狸に蓄音機」って言って、先生に怒られたことあります。学校の先生って真面目なんですよね。

相山　お家で喋ってる言葉が学校で通じにくいのはつらいですね。

席亭　だんだん気を付けて、なるべく普通に話をしようと思って。小学校のとき〝ひ〟と〝し〟が先生にさんざん直されてね、でも学校出たらもろにまた戻って。上手く言えなくなった。言おうと思えば言えるんですよ。

相山　〝まっすぐ〟じゃなくて〝まっつぐ〟。

演芸の世界へ

相山　講談に興味を持たれたのはいつ頃ですか。

席亭　楽しいなと思うようになったのは小学校の高学年になってから。怪談なんかは分かりやすい話だと最初から楽しいんですけど。聞いてていいなと思ったのは小学校六年くらい。

相山　そのときはどなたが。

席亭　(四代目)邑井貞吉[4]さんの噺はわかりやすかった。軍談なんかだと分かりませんから。あとは東映の時代劇観てたんで、そういうのもあって、そんな違和感感じず、ほとんど同じような噺だから。

相山　昔はそういう話が一般常識としてありました。だから講談も落語も馴染がありました。今は「忠臣蔵」を知らない人がいて、「清水次郎長」も知らない。そこから講談に入っていくのはなかなか。

席亭　そうなんです。私の孫でさえ知らない。

相山　講談や落語は、リズムとか声音とか、惹かれる旋律があると思います。言葉はわからなくても聞きたいと思う人はいるかと思います。「芸は人なり」という言葉があります。この人は芸は上手いんだけどとか、あるいは逆とか。それはもともとの性格なのか、それとも売れると変わるものですか。

席亭　売れてきて変わった人はいます。一龍齋貞鳳[5]さんなんかは全然変わっちゃいました。講談に関してはですね。講談の先生でそういう人は貞鳳さんぐらいですかね。芸がいい悪いじゃなくて、売れてるっていうのは、やはり人をかき分けて出てくるわけじゃないですか。だから何かはあるとは思います。そこを突きぬけちゃえば。この間亡くなった(三代目三遊亭)圓歌(6)さんなんかは、歌奴のころ売れてて、途中やっぱり嫌な奴になりましたけど、晩年はいいおじいちゃんで。

相山　当時二ツ目で寄席のトリをとって。(通常は真打にならないとトリは取れない)

席亭　それは私の祖父がやらせたの。鈴本でトリ取って。

相山　麹町にお住まいとか、キャデラックに乗っているとか。

席亭　麹町から湯島に越して、一年ちょっとでなくなったんじゃないかしら。死ぬまで麹町においてあげたかったなと思うんだけど。

相山　落語家さんが、ご自身の生活のステイタスをはっきりおっしゃるようになったのは圓歌さんあたりからですか。あんまりそういうことは言わないのがマナーでした。高座で腕時計してあがっちゃいけないとか。

席亭　メガネもかけちゃいけないとか。

相山　ステイタスをわーっと言って許された方でしたね。

席亭　そうなの。噺は上手かったんですよ、それでお客さんにいやな感じを与えなかった。背丈もそんななかったのに、高座に上がると大きく見えた。

相山　売れた方のオーラですね。芸人さんの見栄ってありますね。

席亭　それはね、やっぱりないと。華がないですよね。

相山　お金がなくてもいい高座着を買うとか。その収入でそれをしたらだめになっちゃうのに、あえてする。それが芸人だと。

席亭　そうです。

相山　後のことは考えない。

席亭　考えて貯め込む人もいます。先代の馬琴さん(五代目)なんかはもろにそうでした。先代の貞丈さんは全部使っちゃう。馬琴さんもお付き合いの方がすごい人いっぱい。使っちゃう方の貞丈さんも、ものすごい人脈でしたね。だから銀座なんかでお金払ったことがないとか。自分で払わないで、お客様に払っていただく。ここでは勝手に使っていいよってお客様を持って。

相山　お旦ですね。今もお旦っていらっしゃるんですか。

席亭　あんまりそういう方は。好きでお金使える方がいなくなっちゃったんですよね。

相山　昔は帯だ着物だって。

席亭　そう、連れて回って、今ご隠居さんで自分のおこづかいがあるって人いなくなっちゃったから。全部税金関係で領収証がいる。そういうふうに使える世界がなくなっちゃったんですよね。

相山　派手に見せるのも芸人さんの〝芸のうち〟なんでしょうか。

席亭　私はそう思いますけどね。貧乏くさいのって嫌じゃないですか。お客様を楽しませる必要があるんで、あんまり貧乏臭くって、それがものすごく売りで、それで芸になっていればいいけど。

相山　生活臭があまり出て来られても。
席亭　そうですよね。芸人さんで自己破産したって聞いたことがない。
相山　そうですね。お酒とかで病院でお亡くなりになるのは聞きますが。なんとかなっちゃうって感覚でしょうか。
席亭　昔は本当に食べられなくって、祖父が面倒見た話は聞きましたけど。（五代目古今亭）志ん生さんなんかは真打の披露目のときに、着物がないから祖父がお金上げたら全部飲んじゃった。
相山　ああいうことをしたら、もう使ってもらえないかもとか考えないで使っちゃう。
席亭　考えないですよ。その後、祖父が怒ったって話も聞かないし。
相山　たぶんやりかねないと思う部分も。
席亭　そうなんでしょうね、志ん生だからしょうがないやって。
相山　（八代目桂）文楽師匠なら逆ですね。
席亭　文楽さんは着道楽でしたよね。皮のスーツでお洒落で、ハンチング被ってたり。あんなちいちゃな家に住んでいたのに。長屋なんだけど一軒家なの。ほんとに家を壊しちゃったら駐車場にもならない、今も空き地になってるんじゃないかしら。落語協会の事務所の斜前の小さいところ。
相山　そこにお弟子さんもいて。
席亭　亡くなった（八代目橘家）圓蔵さんも、今の（九代目桂）文楽さんも内弟子（住込みの弟子）やってたんです。

相山　そんな大勢いてお弟子さんと朝からご飯食べてお稽古もして。

席亭　二階家にしてもあの狭さで。麹町の圓歌さんの家は大きかったですよ。

相山　麹町に住むなんて売れるってすごいことなんだなと子供心に思いました。ご家族との会話で〝あの芸人さんはいい〟とかはありましたか。

席亭　あんまり家では人の噂はしなかったですね。人の悪口ってのはなかったです。あの人はこういうふうにいい人よって話はよく聞きましたけどね。亡くなった(二代目)広沢菊春さんて浪花節の人がいたんです。今の澤孝子さんの師匠ですけど、その人は売れに売れてたんで、母がお仕事頼むときにいくらで行ってくれるか聞くと、「菊春じゃなきゃだめだよ」って人だったらいくらでも安くてもいいよ、ただ「誰でもいい」って言われたら高い値段で売ってくださいって。「菊春さんは本当いい人よ」って母は言ってました。

相山　芸人さん以外の噂話、ご近所もなかったのですか。

席亭　ご近所は仲良かったの。ただ前の家にとんかつ屋さんが二つ並んじゃって、仲悪いわよってはあるけど。でもこっちが悪いからけんかするのよ、って話は聞かなかった。

相山　それはとてもいい環境ですね。

席亭　そう思います。母にそういうことはとても感謝しています。「人の悪口いうと自分に返ってくる」って祖父もよく言ってました。そのかわり「人の面倒見るのは、返ってくるのを期待して面倒は見ないこと、やってあげたからって絶対言ってはいけない」「人にお金貸したら返って来ないもの」と思いなさいとか。

相山　今はちょっとしたことも自分からアピールしないと、という風潮とは真逆です。一見損に見えますが徳を積む行為です。

席亭　そう思っていれば自分が一番楽じゃないですか。だからそういうふうに育ってすごいありがたいなあと思います。未だに本当に嫌いな人っていうのは、あんまりいないですね。よく顔も見るのも嫌だとか、あの人がいるなら行かないわってあるじゃないですか。そういうの一切ないです。

相山　ジャッジをなさらない。そういう方のところには人も集まります。気にしないのが一番楽ですね。お席亭だと、いろんな方が周りにいて、それを考えると身が持たないですね。

席亭　いざとなると、そういう人のなんていうのかしら、分かりますよね。私みたいに自己破産したり、会社倒産したりすると、人の良し悪し、ああそうかとわかります。とことん何にもなくなって分かったことってたくさんあるから、なくなって良かったなって方にいっちゃうんですよ。だからそう思っていると、周りの人も良くしてくれます。普通は倒産したら寄席なんかできないんです。今こんな人たちにお目にかかれたし、ここでやらせていただいてるから本当にありがたい。

相山　こっちの何かが変わるとさっといなくなる人っています。そういうときにその方のもともと持っているものが出ちゃうんでしょうね。辛いご経験もいい方に考えられる。

席亭　無理に考えるわけじゃないんですけど。亭主がアルツハイマーになったときも、外歩かせても見た目分からない。亭主の友達にも兄弟にもさんざん悪く言われたりしましたけど、黙ってたら後でわかりますから。

相山　（アルツハイマーって）人が訪ねてくるとしっかりするんです。

席亭　そう！　本人は来たことも話したことも覚えてないんです。会話はできるんですよね。

相山　ご自宅で講談はお聞きになりますか。

席亭　あまり聞かないですね。孫も講談聞きに来させましたけど、おもしろいねとは言ったけど、上手いとかも分かったみたいだけど、進んで来ようとはいわない。

相山　毎晩聞かせて英才教育とかは。

席亭　無理に進めてもいやになっちゃうといけないので。興味を持てばね、歌舞伎も連れて行きましたけど、おもしろいね、とは言うけれど。

相山　一回経験すると、後になって興味を持つこともありますからね。

席亭　一度聞かせておけば、まあいいかなと。

相山　趣味で無理矢理はありませんね。

註

（1）荻野貞行（おぎのさだゆき）（一九〇一年一月十一日～一九七〇年十月四日）は日本のプロボクサー。日本プロボクシング草創期の強豪。技巧派の名選手であり、後には指導者としても活躍するなど、ボクシング界に対する幾多の貢献から〝ボクシングの父〟とも呼ばれる。

（2）伊本淳（いもとあつし）（一九一五年～一九八四年二月二十七日）東京出身。東京美術学校工芸科鋳金部卒業。昭和十二年二科展初入選。戦後は二十一年から新制作派協会展に出品。三十年創立と同時に一陽会会員となる。三十六年渡仏、三十七年よりサロン・デザンデパンダン、三十八年よりサロン・ド・ラ・ジュンヌ・スキュルチュールに出品、パリを拠点としてベルギーなどでも個展を開く。ステンレス彫刻家として世界的に有名で、代表作に箱根彫刻の森美術館の「断絶」、東京・田町の産業安全会館前の「黎明」などがある。

（3）「ひまわり」「それいゆ」中原淳一創刊の雑誌。

（4）邑井貞吉。本名：相川喜太郎、甲府生まれ。一八七九年十月二十八日〜一九六五年二月十一日。講談組合頭取を長らく続け周囲から「貞吉頭取」と呼ばれていた。母は娘義太夫の竹本東猿、弟は邑井吉弥。五歳のとき東京に移る。一八九五年に三代目邑井貞吉に入門し邑井吉弥。一九〇五年十月、四代目邑井貞吉を襲名。

（5）一龍斎貞鳳（一九二六年九月一日〜）は日本の講談師、政治家。本名、今泉正二。参議院議員（一期）、環境政務次官（三木改造内閣・福田赳夫内閣）などを歴任。福島県出身。法政大学第二高校卒業。一九三八年に五代目一龍斎貞丈に入門するが戦争のため一時中断。一九四六年に貞鳳を名乗る。一九五四年真打昇進。三代目江戸家猫八、三遊亭小金馬（四代目三遊亭金馬）とともにNHKのバラエティコメディ番組『お笑い三人組』で人気を得る。今泉良夫の名で司会活動もしていた。一九七一年、第九回参議院議員通常選挙に自由民主党公認候補として全国区より立候補し当選。当選後は田中派の旗揚げに参加し、三木改造内閣と福田赳夫内閣前期で環境政務次官を務めたほか、芸人代表として国立演芸場設立に尽力した。一九七七年、再選をめざし立候補するも落選。以降、政治評論家として全国を講演活動。また句会を主宰した。

（6）三代目三遊亭圓歌（一九二九年一月十日〜二〇一七年四月二十三日。戸籍では一九三二年生まれ）。本名・中澤信夫とされていたが、近年の資料では中澤圓法（円法）としている。東京市向島区（現・東京都墨田区向島）出身で岩倉鉄道学校（現岩倉高等学校）卒業。一九四五年九月に二代目三遊亭圓歌に入門。前座名は歌治。一九四八年四月、二ツ目昇進、二代目三遊亭歌奴に改名。一九五八年九月、真打昇進。歌奴時代、黎明期のテレビ演芸番組に多く出演し、一九六〇年代の演芸ブームでは売れっ子芸人の一人に目される。このときの活躍から初代林家三平と共に「爆笑落語」の時代を築いた人物として後年に知られるようになる。この頃に自作の「授業中」で人気を博したことから、この時代の世代からは圓歌襲名後も「歌奴」と呼ばれることがあるという。一九七〇年九月、圓歌を襲名。以後はテレビ出演を控え、高座に専念。一九七一年、文化庁芸術祭優秀賞受賞。一九八五年、出家。日蓮宗久遠寺で修行し、法号「本遊院圓法日信」を名乗り、噺家と僧侶の二足の草鞋を履く。

（ウイキペディアより抜粋）

［取材日、二〇一八年四月八日、御茶ノ水スカイラウンジ太陽、本牧亭講談会終演後］

その3

寄席を引き継ぐ

相山　寄席を継ぐというよりお家の手伝いという感覚でいらしたのですか。

席亭　私は他のことやりたかったんで。一緒にいるから手伝いはしてましたけど、母も継げとはいいませんでした。

相山　アルバイトのような感覚で。

席亭　ほんとにただの手伝い。手が空いてるときだけ。私は、大それたみたいだけど、ファンションに行きたくって。だから洋裁学校へ行って、ファッション画を、この間亡くなった永沢節さん、セツモードセミナー(1)へ通ってましたから。あの頃はイッセイミヤケさんとか、だいたい同年代なんです。

相山　モードが変わるときの第一人者ですね。刺激的で魅力的で。

席亭　ばかみたいに輸入の本読んだり、アテネフランセ通ったことあります。

相山　「ひまわり」や「それいゆ」を見てお人形を作ったと伺いましたが、それはデザインして作る方になりたかったのですか。

席亭　それはもう映画を見て、あれとおんなじようなのを作りたいなと思って。

相山　当時の映画は、今よりずっとお洒落なものが多かったです。

席亭　オードリー・ヘップバーンなんかね、ジバンシーの着てましたし、なんたってたかしら、あの映画でいっつも素敵なドレス作ってたデザイナーがいたんです。いっつも見てました。

相山　お母さまも寄席を継ぎなさいとは言わず、おかみさんも思わず。

席亭　母は何にもいいませんでした。

相山　なのに、どういう流れで。

席亭　そういうなかで育っちゃってたから。あと母が一度低血圧で倒れて、ダメっていってたことがあるんですよ。それで母の代わりに、お付き合いのあった特選会の芸人さんを頼んだり、代わりにやってて少しずつ手伝っていくうちに、結婚して亭主が仕事始めて、結局そういうふうになってやるようになっちゃった。

相山　自然な流れで。継ぐんだ！　という意気込みよりは、私がもう少し手伝ってと言っているうちになってしまった。

席亭　まあ事務やなんかはね。あとは子供が育ち上がるまでは。

相山　ご主人様は本牧亭によく通ってらしたお客様とか。

席亭　そうなんです。私は知らなかったんですけど、高校生くらいから来てて。入場料が学生さんが確か八十五円くらいだったんですよ。百円持ってくると菓子と茶と入場料で半日居られるって。亭主のおばあちゃんが、しょっちゅう亭主を歌舞伎に連れてって、それで講談なんかは違和感なかったみたい。自分はやりませんけど、芸事見たり聞いたりは好きだったと思うんです。

相山　ずいぶん長い御贔屓様ですね。

席亭　そうですね。大学に入ってから、母が若い人、学生さんでもう三人、法政の学生さんが二人と早稲田の人が中心になって「講談を聴く会」とか、今の修羅場塾じゃないですけど「三方が原を講釈師から習う」とかそんな会やっていた。

相山　ずっと顔見知りの方だったのですね。ご結婚までは。

席亭　みんなでマージャンやってたりなんかしてたんですよ。（相手の）家が白山で近いので歩いて帰れる。だから遅くまで居て。で、亭主が目立ったんですかね。しょっちゅう家に来ていて、祖父が若い男がそうそう家にいるのはよくないって。

相山　よくある台詞ですね。

席亭　それで祖父が母に言ったんじゃないですか。あっちも花柳界の家なんで（文京区白山には花柳界があった）家庭環境もそんなに違わないし、他の学生さんは大学教授の息子さんとか全然違いますし。

相山　同じ世界というか、感覚が分かるというか。

席亭　そうですね。

相山　それでご結婚されて、ご主人も経営に携わられるのですね。

席亭　最初は映画館に勤めてたんです。当時、英語が全然できない国文科だったんで。英語ができないと、どこへも就職できない時期でしたから。いろんなとこ受けたみたいだけど。有楽町にあるスバル座、あそこに入って三年ほどいました。それから家の手伝いをするようになって。

相山　そのころの本牧亭はどなたがご活躍でしたか。

席亭　かの有名な一龍齋貞鳳さん。

相山　政治家になった。そのころ若いお客様というのは。

席亭　ほとんどいなかったんです。ほぼお年寄りの御常連でした。

相山　ここは俺が座るところと決めているような。確かにそこにお若い方がいると目立ちますね。

当時の寄席は御常連が新しい人を歓迎しない風潮がありました。

席亭　そうでした。でも母がなんとか若い人を呼ばないとって一生懸命考えたんですね。

相山　バスツアーもありました。本格的に寄席経営を初めた頃、意外に思うことはありましたか。

席亭　あんまりないです。あたりまえのことのように入っていってたから。

相山　顔付け(寄席の番組を決めること)はお席亭がお決めになるのですか。

席亭　当時はそうです。

相山　そのときのメンバーとか、出演順番はご配慮されるものなのでしょうか。

席亭　それが一番大変。

相山　前座さんとか決まっている人は別として、俺の前がとか後がとか。

席亭　そう同じくらいの人がいたら、なるべくそういうふうにならないような顔付けを。あとはその先生方の空いている時間を「この時間しか空いてないよ」っていう。

相山　当時は十日毎にプログラムを。

席亭　十日毎です。

相山　昼夜二回公演ですか。

席亭　講談は昼間だけ。もう割合に早く夜は貸席にしてたから。最初それを始めてくださったのが(四代目)岡本文弥さん。自分の会をするのに。

相山　独演会のスタイルでお借りになった。

席亭　そうです。

相山　一カ月の間に十日毎ですと、三つプログラムが組まれるわけですが、やっぱり同じ人が重ならないようにするとかは。

席亭　その頃はそんなに講釈の先生がいらっしゃらなかったから、同じ先生がずっと入ってるとかはありました。

相山　いつも空いている先生と、お忙しい先生と。でも人気者に出て欲しい。

席亭　なるべくお客様が喜ぶ方に出ていただきたいですけど、なかなかそうは行かなくて。

相山　そういうときはどう持っていくのですか。

席亭　その頃の仕事はだいたいお座敷で、お座敷は夜なんで昼は空いてる。

相山　その頃はお座敷の仕事がメインで、昼間は比較的空いてるのですね。先生方みなさん、出演交渉はしやすいのですか。

席亭　難しい先生もいらっしゃいましたけどね。お家まで行ってお願いしなきゃいけないとか。

相山　そうしないとその方のメンツというかプライドとか。ちなみにどなたが。

席亭　（六代目宝井）馬琴先生。

相山　馬琴先生のお宅まで行ってお願いすればＯＫなんですか。

席亭　そうです。それにあの頃の馬琴さんとか、（六代目一龍齋）貞丈さんとかは、政界とか財界の付き合いが多かったんです。

相山　見栄もでてきますね。当時の落語家さんもお座敷がメインの仕事ですか。

席亭　そうです。

相山　お座敷の仕事は、いつ頃までのお話でしょう。今もあるのでしょうか。

席亭　その頃は自分のおこずかいで、料亭でやったりっていうのがありましたけど、今そういう場所がなくなりました。花柳界もなくなりましたし。料亭ってのがあんまりない。あとは結婚式で一席とかはありますね、おめでたい席で。

相山　今はクローズのパーティに呼ばれるって。

席亭　そうそう。昔はパーティじゃなくて宴会って言ってました。

相山　お座敷に呼ぶというのは何人くらいの集まりなんでしょうか。

席亭　規模によって違います。四、五人でも芸人さん呼んで。不思議な話でどうしても噺が聞きたいって、個人のお宅に行ってってって話はありました。講談ではありませんでしたけど、落語家さんはそういうの聞きましたね。

相山　炬燵の上に座って、家族が炬燵に入って聞くという。

地方興行

席亭　あとは新聞社の催し物とか。新聞社主催で隅田川の花火の前夜祭とかうちでやってました。読売新聞で何年やってたかしら、浅草の公会堂で。あとは二月に有楽町そごうデパートの上のよみうりホール、あそこで寄席やったりしましたね。それから地方の新聞社の催し物は私が廻ってました。読売新聞のだいぶ後ですね。何十年ってやりましたね。大分合同新聞とか、鹿児島、熊本の新聞や、そういうご縁で北九州とかを廻って。

相山　どういうきっかけで。

席亭　最初は何で来たんだったかな。新聞社の親方みたいな共同通信から話が来て、最初に大分合同新聞から始まって、長いことやりました。真夏と真冬以外、七、八月と一、二月抜かして毎月三日間。その新聞社のお仕事は、読者サービスみたいなもので、大分県の凄い山の中、会場が学校の体育館だったりするんで、空調がないから真夏と真冬は行かないという。

相山　「きたかみ本牧亭」(2)のように、おかみさんが先生方と一緒に行く。

席亭　最初は亭主が、後はうちのマネージャーがいましたから。ただ泊まるところが酷かったたんです。ビジネスホテルでもお風呂なんかないような、あってもユニットになってて中に入ると立ち上がれなくなるとか。個人でなくって入れ込みみたいなところで、それで亭主行かなくなっちゃって。移動も新聞社のボロボロの車でしたから、途中、山のなかで動かなくなっちゃってみんなで押したり。そのかわり楽しい思いもたくさんしましたよ、景色のいいところへ行ったり。美味しいものもいっぱい食べさせてもらったり、普通の人が行かないようなすごい景色も見ましたから。

相山　車を押すのはみなさんで？　先生方も？

席亭　もう偉い人ばっかし。なにしろベストメンバーなんですよ。講談、落語、浪曲、漫才、手品、ものまね、本当に東京でもこんなメンバーではやりませんよ、というくらいのベストメンバーの人たち。

相山　北九州、大分、鹿児島、かなりの人数の方を数日間押さえるわけですよね。

席亭　大分はたぶん三日間が毎月あったんだと思います。鹿児島はけっこうありました。四日間くらいあったかしら。ものまねで(片岡)鶴太郎さんも入ってたんです。

相山　移動もあるし、かなりのハードスケジュールですね。鈴本演芸場と浅草演芸ホールの掛け持ちとは訳が違いますね。スタッフさんは現地の方ですか。東京から行くのはおかみさんと芸人さんだけですか。

席亭　たいがい芸人さんにマネージャーさんが付いてくる、それぐらいの芸人さんなんです。

相山　事務所に入っている方。気を遣われましたでしょう。

席亭　仲の悪い人もいるんですよ。だから楽屋でなるべく離して。するとスタッフの土地の方ってそういうのよく分からない方がいらして、ちょっと芸人さん怒っちゃったとか、そんなのも結構ありました。芸人さんはやっぱり楽屋に居るときは寛ぎたいじゃないですか。そういうところに入りたい方とがいっぱいいらっしゃるんですよ。

相山　難しいところですね。ご祝儀持って来たりすればなおさら。

席亭　楽屋にご祝儀持って来てくだされば、芸人さんも相手するんでしょうけど、ただ居たい人とか。やっぱり芸人さんは見られたくない顔があります。準備もありますし。

相山　非常に繊細な芸ですから、出番前のちょっとしたことで気持ちが変わってもいけませんし、気持ちを作って楽屋入りするときから芸は始まっていますしね。

席亭　手品なんかネタが置いてありますから。

相山　以前、楽屋で前座さんが、新聞捨ててと言われて捨てたら、手品のネタの新聞も入っていたらしく、ものすごい怒られたって聞いたことがあります。

席亭　あと、お花がパッと開く手品があるじゃないですか、あれを筒にしまって楽屋に持って行っちゃったって。せつこさんだったかな。みなさんが喜んでくださるからって、あの手から花を出すじゃないですか(指をパチッと鳴らすとその先から花がでてくる手品)。出しすぎちゃって次の場所に行くのにその片付けができなくって。あれね、花の畳み方があるんですよ。だから手伝えないの。当人が畳まなきゃ次に出せない。たぶんせつこさんだと、今ね地方というか、名簿見たら九州の方にいらっしゃるみたい。

相山　私たちは花がでたあとのことは知らなくて、前座さんがかたづけるのかな、くらいにしか考えない。

席亭　その人がやるから手伝えないんですよ。いくつか重ねて止めてるんです。

相山　その方その方で違う。勉強になりました。今度寄席でじっくり見てみます。

席亭　あれは可笑しかった。出しすぎちゃって。

相山　手品ネタも持っていかないといけないし、衣装もあるし。

席亭　太神楽の人も、荷物を飛行機に預けなきゃ行けないでしょう。機内持ち込みできないから。手品もはさみ持って入れないし。重たいし剣もありますし。あんなのなんでもないんですけどね、やっぱり尖ってるものは。私こんなもので止められたことがある。（スマホに付けているミニ文房具のはさみ。はさみの部分はカバーがかかっていてすぐには出せない）こんなので刺せますか？こんなの、これ取り上げられました飛行機で。

相山　返してもらえるんですか。

席亭　もちろん返してもらえますけど、こんな物のために時間かかっちゃうじゃないですか。それでも刃が何センチ以上とかで。びっくりしました。

相山　飛行機の旅は大変ですね。

席亭　初めて知ったんですけど、団体で行くときに責任者が最後まで残ってないといけないんですね、全員がチェックインするまで。誰かが遅れると乗れなくなっちゃう引率者は。一回ギリギリだったんですけど(四代目三遊亭)金馬さんが、いつもは車で来るのにちょっと電車で来てみたって。間に合わなくってね、びっくりしました。

相山　みなさん別々の現場からいらっしゃるから、お一人お一人は自分が間に合えばいいと気楽な気持ちで。責任者のおかみさんは気が気じゃない。乗れなければ興行できない訳ですものね。

席亭　一便遅れたらダメ、地方ですし。

相山　違約金とか考えるとぞっとしますよね。全員が乗れても、天候で遅くなるとかはありましたか。

席亭　ありました。一回だけ、大分って割合に霧が発生する率が多いんです。飛行機が飛ばなくて、新幹線を手配するのも人数が多いから大変で。そしたら桜井長一郎先生がNHKの番組に間に合うように飛行機だったんです。それが飛ばなかったもんで、こっちから代演を探したり。

相山　席といっても隣同士にとる訳に行きませんし、グリーン席じゃないと。

席亭　みなさん真打だから全員グリーンで。

相山　見えないところでのお気遣いが大変。

席亭　まさか飛行機が飛ばないなんて思っても見ない。

相山　それを踏まえても、相手はかなりタイトなスケジュールを出しますものね。寄席が終わって、みなさん宿にチェックインして、ご自分のお部屋に入るまで気が抜けませんね。

席亭　そうですね。

相山　毎月大分、鹿児島の日程は決まっていたのですか。

席亭　それは重ならないように。その頃は、酷い乗り物酔いがあって、飛行機でやっと降りて、またマイクロバスで周ってって。酔い止め飲むんですけどあんまり効かなかった。バスのなかでスケジュールを渡されるんですよ。確かめないといけないのに見てらんないんですよね。見た振りして「結構でございます」って。全然結構じゃないときが何回かあって。

相山　ツアーの添乗員さん、バスのなかでも必死ですよね。あれと同じで。

席亭　あと部屋割りとかあるんですよ。

相山　修学旅行じゃないから、隣の部屋って訳にもいかない。

席亭　神経質な方はエレベーターの傍はいやだとか。

相山　当然そこでは売れてるとか、いろんなことが入ってくる。普段は文句言わないけど、この人来ると注文言い出すとか。お席亭のおかみさんが、部屋割りをされて直接苦情は来るのですか。

席亭　私は一度も経験してないんですけど。食事するときの席も私携わらないで、新聞社の人に直に任せちゃう。飛行機の席とかは私やりますけど、宴会とかは任せちゃう。

相山　普通の人が味わえないようないい思いもされるけど、胃がキリキリするような思いもされて。

席亭　乗り物酔いが酷くなければね。楽しいし景色はいいしなんだけど。その仕事散々していたおかげで、乗り物酔いは治りました。乗り物酔いする薬って、乗ってから三十分とか一時間とかに飲むとか書いてあるじゃない。でも乗った途端に酔うの。だから前の晩飲んで朝飲んで。だいたい昔はバスで飛行機まで行ったじゃない。あれで酔うの、蛇行して。芸人さんに酔ってますって言えない。

相山　お立場もあるし。

席亭　仕事があったんで治ったんだからありがたい。

相山　そのお仕事はずっと続いていて。

席亭　暫くして担当が変わるとなくなっちゃう。前の人の評判がいいと、次の人が受け継がないんですね。やっぱり自分は違うもっといいものをやりたいと。大分の場合、大分合同新聞の社長さんが演芸がお好きだったんです。その社長さんが亡くなってご子息が継いで、その方はオペラとかバレエがお好きで変わってしまった。

相山　テレビ番組も担当者が退職すると引継ぎがないというお話でした。新しい人が来ても、一から人間関係から始めないといけないですし。旅のあいだは本牧亭はご主人が見てくださって。その間にお客様の層は変わって行きましたか。

席亭　若い方はなかなか。それをうちの母なんかは危惧してて。芸人さんにもそれが言えます。講談なんかはね。噺家さんは若い方が入ってくるから。

相山　以前『講談師ただいま24人』って本もでましたね。

席亭　（一龍齋）貞鳳さんの。ほんとにそうだったんです。

相山　今は八十人。もしその八十人で寄席を廻すと考えると。

席亭　東西含めて八十人ですから、なかなか大変ですよね。

相山　今若い方チャンスだと思うんです。東西で落語家さん千人だそうなんです。講談の方が前座さんもいないし、今入門したらすごくよくしてもらえて、教えてもらえて、勉強もお手伝いの場もたくさんあって、いい環境だと思うんですが。

席亭　そう思うんです。でも派手さがない。

相山　でも確実に残る芸能です。

席亭　なかから見るとそうなんです。でも外から見ると、噺家さんの方がテレビにでたり、華やかじゃないですか。仕事もたくさんあると思われている。

相山　確かに五分でと言われると講談は厳しい。司会も落語家さんの方が明るく見えますし。私などやっぱり好きで見ますから探すんです、講談って文字を。でもそうでない方に見ていただくアピールって難しいですね。

席亭　そうなんですよ、外へのアピールが。本当に派手さがないから。

相山　知っている方から見ると、知らない人が何を知らないか分からない。私も「寄席のチケットってどこで売っているの？」って聞かれてびっくりして。でも寄席は始まって暫くすると木戸を閉めちゃいます。ああ、そこからお話するのかと。

席亭　販売してるのは映画館とか美術館とかそんなところですもんね。

相山　寄席は特別興行以外は当日券ですし。

席亭　芸人さんで「木戸」(寄席、相撲、劇場など興行場の入り口)とか「もぎり」(寄席や落語会の入り口でチケットの半券を切る人。または入口そのもの)知らない人いるんですよ。驚いたことがある。講釈師だったんです。それも上の方の人。「木戸」って言ったら受付ですか？　って言うんですよ、芸人さんが。だから「木戸」よったら、「木戸」って何ですかって言うんです。キップ売ってるとこよって言ったら、ああ受付ですねって。

相山　受付じゃない。

席亭　だから「もぎり」なんかもちろん知らない。唖然としたことがあります。

相山　昔は映画館も「もぎり」って言いました。言葉の説明からお客様にしていくとなると、なかなか本題には進めませんね。知らない言葉が一つでもあると離れていく方もいますね。

席亭　変わって来ています。

相山　この頃の本牧亭さんと日本料理「ほんもく」をされているときは同じ頃に。

席亭　そうです。

相山　お料理屋さんとしてお食事ができて、別に木戸銭を払って講釈を聞く。

席亭　そうです。鈴本(演芸場)の裏にあった大きいのは、料理屋は一階で、寄席は二階でしたから、それはもう全然別で。あそこがなくなって池之端で始めたのは、寄席のときは寄席だけ。あと

本牧亭の釈台

は一緒になっているのをいいことに、食事しながら講談を聞こうと。

相山　池之端の頃も、お若いお客様は。

席亭　いらっしゃらなかった。

相山　お客様も世代交代があると思うのですが。

席亭　平均すればお年寄りが多かったです。

相山　それは講釈の先生方も、これからどうしようとお考えになる方は。

席亭　やっぱり新しい考え方を持っている方はいまだに、聞いたことのない人に聞かせるってやってましたけど。どっかでやらせてくださいって、アポなしで周ったみたい。北海道で講談広めてるって、自転車で北海道で講談広めてるって、

したから。（宝井）琴梅さん琴調さんは自転車で北海道で講談広めてるって、聞いたことのない人に聞かせるってやってましたけど。どっかでやらせてくださいって、アポなしで周ったみたい。

相山　釈台を持って行くのですか。

席亭　折り畳みの釈台があるんです。高座で使用のものよりもっとちいちゃくて軽くって。あとはもう、そこら辺にあるテーブル叩いて、板があればそれでやってて。

相山　いろいろお考えになるのですね。お話を伺っていると、ちょっとした心がけや気持ちの持ちようで日々の暮らしや人生の方向って変わるんだと思いました。

席亭　それはありますね、母に感謝です。

相山　悩まず、悔やまずに違う方に舵を切られる。ちょっとした角度が何年何十年もたつとずいぶんと差が付きます。

席亭　比べてもしょうがないことが多いし。そういうふうにしかならないんだから。悪い状態でもいい方を選択できることはできるから。

註

（1）長沢節（本名・長澤昇）は一九一七年会津若松市出身。文化学院在学中の二十歳のときに挿絵画家としてデビュー。「スタイル画」の第一人者としてファッション業界をリードする存在となっただけではなく、エッセイストや映画評論家としても活躍。セツ・モードセミナーの歴史は前身となる「長沢節スタイル画教室」から始まった。三年後の一九五七年に名称を現在の「セツ・モードセミナー」に変更。しかし一九九九年、大原でのスケッチ旅行の最中、自転車による事故により八十二歳で死去。甥の長沢秀氏が校長を引き継ぎ現在まで運営してきたが、節の生誕百年を機に「節先生の魂（自由の精神＝セツ・モードセミナー）をそろそろ天国に送り届けてあげたい」という想いから閉校が決定された。

（2）「きたかみ本牧亭」年四回、三日間。本牧亭が岩手県北上で開催する寄席。十四年目になる。

［取材日、二〇一八年五月六日、御茶ノ水スカイラウンジ太陽、「本牧亭講談会」終演後］

その4

きたかみ本牧亭を開始する

相山　きたかみ本牧亭では大変お世話になりました。おかみさんとお会いしなかったら、おそらく行かなかったと思います。北上市で寄席をすることになったことを中心にお聞かせください。

席亭　きっかけはお客様で、池之端に店（日本料理本牧亭）があったとき、その方が北上の方で「中心街がシャッター街になっているから町おこしのために寄席を」って。最初は勉強中の芸人さんでいいって言われたんです。予算がないから全部前座さんで。だけど講談はまだ前座さんでもなんとかなるけど、落語の前座さんだと。あちらの方は生を聞いたことがないし、ほとんど町に芸人さん来てないって言うんで。最初っから下手な人を聞いちゃうと懲りちゃうじゃないですか。それで、なんとか予算を取っていただいて、講談の方は私が無理を言って前座さんでも微々たるものでで行ってもらって。その分を少しでもいいから噺家さん、二ツ目さんにちゃんと出してもらえればっていうことで。最初は（一龍齋）貞橘さんとか、今の（田辺）鶴遊さんとか、始めた当初は前座さんだったんですよ。で、落語の二ツ目さんは今みんな真打になっちゃったんですけど。（三遊亭）歌彦さん、（柳家）三語楼さんも（二ツ目のときの名前は）風車さんでした。みんなきたかみさんに行ってもらったんです。みなさんもう真打になって。今年で十四年目になりました。

相山　最初に池之端の本牧亭にいらした方は講談が好きで通ってらしたんですか。

席亭　じゃないんです。料理屋のお客さんだったんですよ。

相山　お料理屋へはよくお見えになる。

席亭　そうだったんです。で、町おこしでやりたいからって。

相山　その方は特に演芸にお詳しい。

席亭　全く。たまたまうちが料理屋と寄席をやってたんで、なんとかならないかって話で。

相山　でも予算がないと、交通費と宿泊費が。数日間ある訳ですし。

席亭　そうなんです。だからもうそれは絶対に、あごあし(宿泊と交通費)は向こうで持っていただいて。最初は四日間だったんです。木金土日。土日のお客さんが多くて、今は金曜日も入るようになりました。最初はお客さんが本当に対面ですから緊張しちゃって固くなっちゃって。

相山　ライブで芸人さんを見るのは初めてですものね。

席亭　そう。笑っちゃいけないみたいな。笑い方も拍手の仕方もわからない。

相山　高座が近すぎて、初めてだと緊張します。

席亭　今はお客さん、みなさん慣れてらして。

相山　始めたときの、お客様の入りはどのくらいでしたか。

席亭　最初はほとんど招待のお客様で。入場料が三百円だったんです。だから、三百円ていうのは、出演者にも失礼だし。

相山　公園の入園料並みですね。

席亭　あちらの貨幣価値っていうか、そういうもんなんですって。せめて五百円にしてくださいって言ったんです。三年くらいしてから四百円になったんですよ。今ようやく千円になって。

相山　それでもお安い。

席亭　地方まで行くんだから千五百円でもいいと思うんです。せめて千二百円でもいいと思うんですよ。予算がないって言ってるんだから。

相山　北上市から予算をもらって運営されているんですか。

席亭　商店街の予算です。最初は北上市から補助が出たんです。でもああいうのって三年間なんです。それが終わっちゃって出なくなっちゃって。それから商店街のみなさんから。

相山　チケットの裏に協賛のお店や会社の名前がずらりとありました。

席亭　そうです。でもお客様減らないでどんどん増えてる。だから、成功だとは思うんですね。

相山　やっぱり本物を身近で見て、遠くまで行かなくていい、毎年四回地元で見られるのは強いです。

席亭　北上だけじゃなくて、花巻の方から他所からもいらっしゃって。

相山　商店街の町おこしでスタートしましたが、商店街は変わりましたか。

席亭　うーん、人が集まるようにって町おこしやったんですけど、街の中は人が歩いていないんですよ。夜になるとわーっと歩くんですけど。どこからお見えになるのかなと思うくらい集まる。

相山　会場からホテルまでの道で誰にも会わなくて。みなさん会社や学校に行っている時間帯だとしても、今ここで倒れたら数時間発見されないって思うような。喫茶店があってドアが開いてるんですが、開いてるところに衝立が置いてあって入れてもらえないような感じで、不思議でした。

席亭　たぶん自分の家だからだと思うんです。北上の町では呉服屋さんが多いんです。あそこは街道筋で馬喰が多くて、お金持ってた馬喰がおかみさんにお土産に買って帰るから、呉服屋さんが多かったんだそうです。

相山　その頃はずいぶん栄えていたんでしょうね。「きたかみ本牧亭」になるまでのお話は順調だったのですか

席亭　最初は落語だけって言われて。講談も入れてもらう約束で。

相山　知らないとはいいえ、誰に頼んでいるのか失礼な話です。

席亭　最初行ったときは市役所の補助があったので、近隣の小学校に寄席を持って行ったりしたんです。学校の教室に小学生を対象として集めて。最初に聞いて卒業した人たちは、今高校生くらいになってると思います。二年間くらいやりましたね。

相山　補助とかもらっているあいだは学校とか話が通りやすいですね。

席亭　そうなんですよ。

相山　寄席の運営中に商店街の人と意見が食い違うようなことはありましたか。

席亭　四日やってたときから予算がぎりぎりで、それこそ私の宿泊代も出ないから三日にしたときに予算削られちゃったんですよ。

相山　四日で赤字だから一日減らしたのに。

席亭　そうなんです。もともと足らないのに、それで余計足らなくなっちゃった。しょうがない、自分のあごあしは自分で持つ。でもあちらの方も楽しみにしているし、芸人さんも勉強になるんですよ。あっちに行くと毎回同じお客様が来るから、同じ噺できないじゃないですか。それと上の方もいらっしゃらないから、どんな噺してものびのびできるんです。

相山　大ネタがかけられる。

席亭　そうなんです。勉強になるし、みなさん本当に安いギャラで行ってくださるんですけど、いやって言われなくて次もお願いしますって喜んでくれる。三日間空いてる人を探すより、四日のほうが大変でしたね。以前一人だけ仕事があって、帰ってまた来てって余計交通費かかったことがありました。でも三日間東京で遊んでいるよりはあちらでいたほうが。またあちらの方がみなさんいい方ばっかりなんです。それに一緒に行ってくれる芸人さんもいい方ばっかりで。私も気まずい人とは一緒に行きたくないから。

相山　「きたかみ本牧亭」の運営は最初から変わらずに同じ方が。

席亭　ええ、そうです。

相山　なかなか続かないですよね。担当者が変わるとなくなる会は多いです。それも続いて数回です。

席亭　きたかみは今年で十四年目になります。一年に一回とか二回はありますけど、一年に四回やって、しかも十四年というのは本当にない。

相山　インターネットで九月の顔づけ(出演者)が公開されていました。あの会は六月から一年がはじまる会ですか。

席亭　一年の顔づけはおかみさんがお決めに。

席亭　そうです。今年もやりますって決まるのが予算が降りる四月くらい。だからそれまでは芸人さんには話できないし、あとは噺家さんと講釈師と二人とも地味な人だと困るし、二人ともあんまり明るくっても困るし。

相山　お客様がくたびれちゃう。

席亭　だから賑やかな噺家さんだったら、静かな講釈師を。ちょっと地味な噺家さんだったら女性の講釈師を。

相山　四月に日程が決まって、それからおかみさんが芸人さんにお願いする。ほとんどのみなさんが一度行けば二回目もとおっしゃる。

席亭　そうなんです。スタッフのみなさん楽屋で芸人さんと話をするみたいで。私行かないんでわからないんですけど。あちらの方が、今まで来ていた顔なじみの芸人さんが好きみたいなんですね。前座さんのときから来てくれて、上手くなってくるのも楽しみみたいで。

相山　それはファンの喜びですね。

席亭　自分たちが応援しているような感じになるんでしょうね。最初は人が違ってもおんなじ噺ってあるじゃないですか。むこうの人はちょっと違和感があったみたいですけど、今はみなさん聞き上手になったから、同じ噺でもこの人とこの人は違うって思えるようになって。

相山　お客様も育ちますね。

席亭　そうそう。

相山　最初はおかみさんが選んでも、どなたがどなたか分からないと思うんです。六月に伺ったときはみなさん耳が肥えてらしてて。リクエストとかはありませんか。

席亭　まだないです。今度リクエスト取りましょう。係の方が、あの人よかった、今度あの人をってのは、始めてから三、四年くらいのときにありました。今はほとんど固定メンバーになってます。昔から頼んでた人で、二ツ目さんとかが真打になったら、お祝いするからきたかみに来て欲しいって。それは必ずやりました。できなかったのは(春風亭)一之輔さんだけです。一之輔さんは売れちゃったからスケジュールが合わなくて。

相山　「きたかみ本牧亭」の今までのネタ帳を拝見して、びっくりしました。当時は若手でも、今はそうそうたる真打ばかり。大きなホールでの開催もありました。

席亭　何年記念でって、(一龍齋)貞水さんの親子会とか、(柳家)さん喬さんの親子会とかね。ちょっと東京でもあれだけのメンバーってなかなかない。(三遊亭)圓歌さんなんかも喜んで来てくれましたから。

相山　地方の人はそれがどれだけ豪華メンバーなのかって……。

席亭　わかってないです。あの値段でね。

相山　東京であのメンバー、どれだけチケット取るのが大変か。

席亭　そう言うんですけどね、なかなか分かってくださらない。

地方寄席存続の危機

相山　現在も順調に進まれているのですか。

席亭　一昨年だったか、ちょっと危ないかなってのはありました。商店街の町会会費。商店街から抜けた方がいらっしゃったんですよ。予算問題になってきた。それでも大丈夫でした。

相山　やはり会の存続は予算が一番大きいですね。

席亭　市役所にもお願いに行ったんです。「ああいいですよ」って。もっと言えばよかったんだけど、「あと年間十五万くらい出れば」って言って。「いいですよ」って市役所の方はおっしゃったんですけど、結局出なかった。お役所は年間十五万くらいなんてことないと思うんですけど。お願いした方が定年になるから、私の最後の仕事にしますからなんておっしゃる。だから今年はもう出ているもんだろうと思っていたら出ていなかった。

相山　多くの方に見ていただけるのはいいですね。夜は芸人さんも時間が空いているわけですし。

席亭　公民館みたいなところに夜行きますでしょ。あとはイベントをホテルでやりました。あれは謝礼がどうなっているかわからないんです。

相山　そのときの出演料は、別にいただけるのですか。

席亭　いつもより少し余分に謝礼をいただきました。もう少し出ないかなあと。商店街がホテルや企業に売りこんでいると思うんですけど。去年の二月が何も他になかったのかな。なるべく行くときは農繁期は避けるんです。あとは大きなイベントがあるときとか。それも前年度にわかるから。

相山　前回の六月は東北のお祭りが一度に見れるイベントとぶつかっていて。それであれだけお客様が集まっていて。

席亭　東北のイベントはあちらの方はもう慣れちゃっているから。東京とか他の地方から来るんじゃないんですか。私あれ行きたいの。

相山　でもあのイベントは地元の方はちょこちょこ行けば済む話で。逆に大きなコンサートは避けるんですね。

席亭　そうなんです。盛岡のチャグチャグ馬コが見たくって。ぶつかったときがあるんです、行きたいなぁって思ったんだけど。でもたいがい土日じゃないですか。

相山　抜けるのは難しいですね。一週間ずれたら行けないですね。おかみさんは、ずっと宿泊も交通費もご自分で出されてるのですか。

席亭　全額ではないですが、あちらの方は私が仕事だと思ってないのかも。

相山　顔づけするのが一番大変な仕事です。それで興行は決まる。

席亭　あちらに行くのも楽しい。

相山　確かに煩わしさからは解放されますね。

席亭　今地方にいますからって言えますからね。

相山　きたかみ観光大使もなさっていることですし。

席亭　七月で任期が切れるので、また次期二年間もお願いしますって。ただあの仕事が終わったら観光大使もって思ってるんですけどね。来年で十五年ですから、それまではやりましょうって。

相山　それ以降もおやりになる。

席亭　呼んでくだされればやめることはないです。芸人さんも育ってくるし。

相山　芸人さんも勉強の場にもなるし、お客様も育つ。スタッフさんも興行の勉強にもなるし、いいコミュニケーションがとれて、とてもいいかたちで続いていると思います。予算があるからこれでやってとは違いますね。想いの強さです。

席亭　ああいうきっかけがなかったら、あちらの方は芸人さんと触れ合うこともないですし。

相山「きたかみ本牧亭」の会場には出演者さんの写真と色紙が飾ってありました。きたかみのみなさんがとてもこの会を大事にしている想いが伝わってきました。東京の会にはないものを感じます。いい空間です。

席亭　あちらの方が真打御披露目のパーティにはどうしたらいいですか？って聞くから、だいたいご祝儀はこれくらいで、お花は要らないからって。

地方興行の差配は大変

相山　九州の新聞社のお話も伺いたいです。あれも最初は新聞社の方が寄席にお見えになったのですか。

席亭　いえ、あれは共同通信の方に何かそういう仕事ありますかってうちから聞いたのです。最初は大分合同新聞、それから始まったんです。あとは島根県も行ったかな。そして北海道新聞の仕事が毎年暮れにあったんですよ。

相山　それはどれくらい続いたのですか。

席亭　十年ほど。地方へ行くと大変なんですよ。トップの人だけを選んで連れて行くんです。

相山　売れっ子を連れて行く。

席亭　そうです。やっぱり新聞社の方ですから名前を知ってるじゃないですか。今度はこの人とか、それに人数も大変で。

相山　新聞社の方が選ぶ基準というのは、テレビに出ているとか経歴とかでしょうか。担当者が実際に聞いていいと思う人ではなくて。

席亭　ネームバリューです。（片岡）鶴太郎さんなんかはまだ名前が売れていない頃に行って。前座さんは前座さんで行くんですから。トップの人ばかりですから、マネージャーさんも一緒に来るんです。それからボーイズ（楽器を使う音楽ショウ）さんも大変なんです。ボーイズ四人でマネージャーさんが付いて五人。楽器も衣装もありますし。浪曲も三人、先生と曲師と拍子木を打ったりとかで必ず一人お弟子さんが付いてきます。

相山　大所帯ですから、経費が掛かる。

席亭　あの頃は新聞社が景気がよかったんだと思います。だから行くとまず夜は社長さんがいらして宴会。

相山　その会は新聞社のお客様。

席亭　そうです、読者サービスで。ご招待だと思います。それが終わって帰ってきて一回だけは町の大きなホールでやって、それは入場料があったと思います。地方ではほとんど入場料無料。

相山　ずいぶん予算があったのですね。交通費や宿泊費、会場費を考えれば、入場料一万円でも足りなさそうですね。

席亭　本当に。一回何百万ですね。ベストメンバーだったから。

相山　北海道の仕事が終わったのは担当者が変わったからですか。

席亭　担当の方が変わったっておっしゃってました。暮れの十二月で寒かった。

相山　島根県のも新聞社のお仕事ですか。

席亭　あれは山陰なんとか新聞だったと思うんです。

相山　それはどれくらい。

席亭　二年くらいですかね。

相山　それも担当の方が変わるとなくなる。

席亭　理由はわからないんですけど。

相山　ドライな感じで「今年は結構です」のような。

席亭　そんな感じです。

相山　新聞社の仕事はいい仕事になりますね。そのときのギャラの配分などは。

席亭　全体でこれだけって来て、それを割り振る。

相山　おかみさんがなさるんですか。

席亭　私は付いては行ってましたけど、うちに事務の人がいて、その人が全部お金の方はやってました。うちの亭主がずるいんですよ。そういうとこ行かないの。最初は行ってたんですけど、だんだん行かなくなって。

相山　道中でのおかみさんの気遣いは大変ですね。

席亭　その頃の芸人さんは、子供のときから知っている芸人さんばかりなんですよ。（春風亭）柳昇さんとか。

相山　ビジネスライクじゃないんですね。

席亭　だからおかみさんとは言わないでみんな「孝ちゃん、孝ちゃん」って。芸人さんも気が楽だと思いますけど。

相山　ご主人様がいらっしゃるより、おかみさんの方が話が合いますね。

席亭　昔の話できるじゃないですか。ほんとに芸人さんになりたての頃で、私の祖父にずいぶん世話になったとか、そうだったですよねなんて。

相山　歌舞伎界と一緒ですね。やはり地方の仕事は芸人さんから見ると一息つける仕事なんでしょうね。

席亭　（鈴々舎）馬風さんなんかも元気でしたから。馬風さんのおかみさんも「たかこさん」っていうから、「孝子！　孝子！」って。（春風亭）柳昇さんのおかみさんも、たかこさんって。

相山　そうなんですか。今は新幹線で便利になったので地方の仕事も日帰りになりました。

席亭　そうなんです。私の頃は全部飛行機でしたから。

相山　ある師匠が懇親会の途中でも最終の新幹線で帰らないといけないから、すごくつまらない。時間によっては、帰って来てから寄席に出られる時間だったりする。

席亭　私も北上を一日に往復したことがあります。どうしても出なきゃいけない芸人さんのお披露目があって、行って帰ってってやりました。

相山　便利になるのも善し悪しですね。余計忙しくなります。

席亭　地方ですからって言えなくなっちゃって。宮崎日帰りしたことあります。飛行機で日帰り行けますよね。宮崎日日新聞かな。

相山　それはお披露目で帰らなきゃいけないとかですか。

席亭　単なる打ち合わせで行ったんで帰ってきました。

相山　スケジュール的にできなくはありませんがハードですね。

席亭　せっかくあそこまで行ったんだから、どこか一泊したいんですけどね。私の義理の妹なんか、名古屋にひつまぶしを日帰りで食べに新幹線で行ったりして。「何しに行くの？　暑いのに」「ううん、ひつまぶし食べに行ってくるだけ」って。もったいない！

相山　そういう方は多いみたいですね。北海道日帰りで食事だけとか。情緒がないですね。

席亭　もったいないですね。お金がある方は泊まればいいのに。何だか余裕がない感じがします。長崎から寝台車で帰ってきたときは、のんびりでよかったです。

相山　車中一泊ですね。

席亭　長崎ではあっちでやってる仕事があって、まだハウステンボスの頃。そこに行く四日目くらい前に膝の靭帯を切っちゃって、太ももかなり上の辺りまでギプスして、行きの飛行機で通路側に置いてもらって。辛いんで、帰りは寝台車で足をまっすぐにして帰ってきました。

相山　こういうお仕事の辛いところが、代わりがいないということです。会社ならどなたかにお願いすることもできますが。

席亭　そうなんですよね。

相山　夜の懇親会は、地方のお客様も楽しみにしてらっしゃる。芸人さんも時間を気にしないで芸の話ができる。そこでの会話でまた次の会に繋がる。一見何もないように見えますが、いい方向に育てることができます。それを交通で切ってしまうのは、地方のお客様の開拓もしづらくなりますね。

席亭　そうです。岐阜の神岡町、ニュートリノのカミオカンデがあるところ。そこの山のてっぺんで、総称して「山の村」って言ってるんですけど、日本のチベットみたいなとこなんです。そこの村の人たちがまたいい人たちで。

最初うちがそこで土地を買ったんですよ。隣の家に行くのに三十分歩かなきゃならないところなんです。買いたいって人と見に行ったら、これは商売にならないって。見たら牧場あとでいっぱい花が咲いていて、映画の『サウンドオブミュージック』みたいで。ここを買ったら、この花が全部私の物になるって。そのときはまだお金あったから、それで買っちゃったんですよ。それでそこへ家を建てて、その家の御披露目のときに村の人とか、山の下の町の人とか、みんなバスでやって来て、うちで寄席やったんですよ。最初行ったときは、林家木久扇師がまだ木久蔵だったんです。（宝井）琴調さんとかみんなでわーっと寄席やって。それが平成四年なんです。

それから村の人たちとお付き合いして、なんか寄席やろうよって。もう十年になるんですけど、最初は貞橘さんとか、前座さんが出てたんですけど、講談だけならタダで行くわよって、貞橘さんの電車賃だけ出してって。一万円も余分にくれればいいからって。今は予算がついて二人になって、もう十年目、今年も行くんです。

相山　それはいつですか。

席亭　年に一度、お盆のときに。村を出てっちゃってる人が帰って来るから、お盆のときが一番人数が多い。以前は山の下の神岡町で寄席を十年以上やってました。それは役所の方の仕事で。

相山　役所が主催、予算を出して。

席亭　そうです。神岡町が予算を出して。だからすごいメンバーでした。向こうの人がこの人呼んでくれって言うから、（笑福亭）仁鶴さん、（春風亭）小朝さん、一年に一回やってました。平成十四年まで続いたんですけど、町が合併して飛騨市になって役所も変わってしまってなくなっちゃったんです。それも十年続いたんです。（林家）木久（扇）ちゃんもいたし、（三遊亭）圓歌さんとか。全員そんな人ばかり。

相山　演芸を知らない人がお客様だと有名人でないと集まらない。いくら上手いよって言ってもだめなんですね。

席亭　だからその頃は『笑点』に出ている(三遊亭)小遊三さんなんか、二回くらい出てるんじゃないかかな。みんなで卓球やりましたもん。

相山　売れてる方は盛り上げ方も上手いですからね。今年はいつなさるのですか。

席亭　小遊三さんは年に一回の役所のときで、お盆じゃなかったんです。今行ってるのは貞橘さんと(柳家)喬の字さんと二人。

相山　日本全国あちこち行かれていらっしゃる。予算や何かでいろいろあっても、おかみさんのお人柄で続いているんですね。

席亭　芸人さんもいい人がいてくれるから。貞橘さんなんか当時は本当にぺーぺーで、今は向こうの人にも、大分貫録ついちゃってって言われて。神岡町に家を建てて二十数年。まだ家もきれい。とても二十数年経っているとは思えない。雪が二メートルは積もりますからね。

相山　年にどれくらいいらっしゃるのですか。

席亭　前は年に三、四回行ってたんです。冬も行ってましたらから土台二メートルつけて。

相山　雪で埋もれちゃうから。

席亭　でも熊は出ますし、鹿も庭に出ますしね。狸、狐、猪も出ます。

相山　落語の世界そのものですね。

席亭　こないだ凄いことがあってね、まわり山じゃないですか、土地の両側に沢が流れていて、水芭蕉の原生地もあるんですよ。そこの谷のところに虹が出たの。わぁ、すごい！　びっくりしちゃって写真も撮れない。その前に立って写真撮ればよかった。虹だけ写真撮って。綺麗でした。あそこも一回いらしたら？　村の人もいい方ばかり。今年は八月十三日にやります。十三日に行って、夜やります。私は十七日に帰ってきます。二人は十六日に帰るんじゃないかな。日本のチベットだから、覚悟して行かないと。

相山　それは楽しそうですね。ぜひ一度伺ってみたいです。おかみさんはお金では買えない経験をたくさんなさっています。誰にも盗られない財産をお持ちですね。

席亭　それは幸せだと思っています。あれは自分でもよく買ったと思ってます。私が破産したときに、そこも手放さなきゃいけなかったんです。だけど水源地があるんで、手放してインターネットに出したら、すぐに中国の人に買われちゃうんですって。そうしたら、娘の旦那が私が買いますからって買ってくれたんです。

相山　それはよかったですね。

［取材日、二〇一八年七月八日、御茶ノ水スカイラウンジ太陽、「本牧亭講談会」終演後］

その5

真打昇進、襲名披露目パーティのこと

相山　昨日、真打御披露目パーティに行ってきました。思いましたが、芸人さんの真打ちになるときと、大きな名前を継ぐとき、そのぐらいしか御披露目のパーティーってできないんですね。芸歴何十周年とかはお祝いはありますか。

席亭　あんまり芸歴何十周年はやらないですね。記念公演はあるけども。昔は勲章もらったりなんかするとパーティーやったんですけど。結構、勲章もらう方も多いんで。

相山　そんなに珍しいことではなくなりましたね。たまたま昨日の真打さんは、音楽が好きでバンドを呼んだり、ミュージシャンの佐野元春さんがお見えでした。そういうパーティーや雰囲気は、昔と比べて変わっていますか。

席亭　どんどん派手になってきています。

相山　昔はどこでお披露目を。

席亭　ほとんど上野・精養軒ですね。

相山　人数はどのくらい。

席亭　二百人は入るんじゃないかな。

相山　今はゲストを呼んで出し物もありますね。

席亭　そうです。余興が。

相山　当時からあったんですか。

席亭　あまりなかったです。お祝いの寿ティッシュとか、ああいうものが多かった。

相山　派手になったのは、いつの頃からですか。

席亭　いつからか全然覚えてませんけどね。

相山　だんだん呼ぶ方が増えると、会場も大きいところになって。

席亭　そうなんですよね。六百人とか八百人とかね。

相山　真打ちの御披露目は、帝国ホテルとか京王プラザとかニューオータニを使う方多いですね。

席亭　京王プラザ多かったですね。帝国ホテルも。あと東京會舘もあります。

相山　交通の便のいいところですね。パーティのお金のやりくりは、みなさんどうされてるんでしょうか。

席亭　どうしてるんでしょうね。必ず借金は残るっていいますからね。

相山　幟は御贔屓が作るとか、大学の同級生や、母校のみんなが後ろ幕作ってくれたとか。そうしていただいても黒字じゃないと。

席亭　そうなんですよ。事情をよく知らない方は、ご招待状を出すと、本当に招待で来ちゃう方いらっしゃるんですよ。

相山　それは一般の方が素直に信じて。
席亭　そう。あとはご祝儀っていっても額が違って三千円とか五千円とかね。普通の方はちょっと分からないかも知れないですよね。
相山　一流ホテルでフルコースの料理が出て、余興があって、扇子などの引き出物があって、三万円でこの人に幾ら祝儀が入るんだろうって思うとストレートに三万円送ったほうがずっといい気がして。集めにくいでしょうけど。
席亭　最近は会費制でやる方もいらっしゃいますね。
相山　会費でも足りるんでしょうか。
席亭　会費制でも絶対足りないですよ。
相山　結婚式で普通に行って三万円です。結婚式にそんな利益出ませんものね。やっぱりそういうことになると、芸人さんのお金に対する感覚とかも変わってきますか。
席亭　そうですね。
相山　でも前ほどご祝儀がもらえる時代ではない。
席亭　もう一人で百万円出してくれるとか、そういう方はいらっしゃらないですよね。ほんとにいつも、心配してるんですよ。
相山　今度二ツ目になる人が、袴はあの人が買ってくれるかな、着物はあの人が作ってくれるかなって。やっぱりその皮算用で、師匠から昇進の許可がでても、力量があってもなりたくないって。

前座さん時代はもらう一方で増えるだけですからね。

席亭　ほんとにそうですよ。知っているのは、(林家)木久扇さんが木久蔵になったときと、あとは(桂)小益さんが(九代目桂)文楽になったとき。内情をじかに聞いてるのはそれしか知らなくて。

相山　小益さんなんかCMで、若いときから売れてますから、大丈夫なのかなと。

席亭　文楽を継ぐとなると、お扇子から何から違うんですよ。一番質のいい扇子頼むじゃないですか。

相山　文楽になったのにこれ？　って言われたくない。人一倍お金をかけなくてはいけないわけですね。よくみなさんが本寸法っておっしゃいますね。これは本寸法だからいいとか。あれは寸法とか材質とか、そういうものを総じておっしゃっているのですか。

席亭　本寸法っていうのは本物っていうか、きちんとしたものっていうことですね、サイズのことではない。

相山　きちんとしたものとは。

席亭　着物ならば、ちゃんとした羽二重の黒紋付きとか。これは偽物じゃないってことですね。

相山　いい加減なところで作ってないよっていうような。ちゃんと日本橋の何とかさんで誂えたとか。

席亭　きちんとしたものですよ、っていうのが本寸法。

相山　たしかお扇子は、白地にお名前が書いてあるだけっていうのは、それは昔からの決まりなんですか。

席亭　紋を入れる人もいますけど、でも高座で使うのはそういう柄があったら変じゃないですか。だから白い下地に名前が入っただけ。

相山　それはおかみさんが小さい頃からそういうものですか。

席亭　私が子どものときはそういうのなかったと思います。

相山　お扇子はあっても、決まりがなかった。

席亭　自分で使う扇子はそういう扇子使ってましたけど、襲名にそういうのを出すっていうのは。うちにはそんな扇子みたいなもの、あまりありませんでしたからね。

相山　襲名だとどうしても記念の品物っていうのをお配りすると思うのですが。

席亭　ほんとに、私が小学校のときは真打ちになりましたっていう興行はありましたけど、パーティーなんかなかったですね。物がなかった時代だから、黒紋付きくらいで。亡くなった（五代目古今亭）志ん生さんが着物がなくってぼろぼろで、私の祖父が真打ちの披露目があるんでこれで紋付き作んなさいってあげたお金を全部飲んじゃたって。それぐらいですからパーティーなんてなかったです。

相山　寄席での興行をやってそれだけ。それも黒紋付きだけで五十日間通してしまうような。

席亭　立て看板は昔ありましたから、それに御披露目っていうのが出て、誰々っていうだけだったと思いますね。やっぱり簡素でした。

相山　今は御披露目の高座に帯源の帯やお祝いものが並んで、とても賑やかです。熊手を飾っている方もいました。

席亭　たぶん、御披露目のパーティーなんていうのは大分後からだと思いますよ。

相山　二、三十年くらい前ですか。

席亭　もっと前に思います。ただ、その披露目のパーティーみたいなのをやっても関係者だけ、お客様は呼ばない。ほんとに関係者だけで席亭と噺家さんの幹部だけとか、そういうのはありましたけど。

相山　今は二回やる方もいるようで、内輪だけのと、ファンの方や関係者向けのっていうのと。とにかく派手にやらないといけない、注目されないといけない、たくさん呼ばないといけないみたいな風潮で。

席亭　誰それに負けちゃいけないとか、そんなの関係ないと思うんですけどね。

相山　いつのころからかあの人がやってるから、じゃあうちもみたいに、だんだんエスカレートしていって。

席亭　だからゲストも有名人を呼んだり。

相山　ほんとのパーティーっていうか、バンドが来て二、三曲やるので、ちょっとしたミニライブです。今の時代、華美にできるっていうのは、その方の人柄や集客力とか人気のこともありますし、目安にはなりますね。

席亭　（三遊亭）歌奴さんのときだったかな、圓歌のお弟子さんだったと思うんだけど。尾藤イサオさんが、すごい元気で歌うたってたんですよ。

相山　日劇ウエスタンカーニバル。

席亭　そこに散々通ったから。

相山　あの方のお父さまは寄席芸人の三代目松柳亭鶴枝さん。

席亭　太神楽。あの人も太神楽やってた。

相山　そうなんですか。

席亭　そうなんです。

相山　歌のほうに転身して。

席亭　昔、テレビでタレントのかくし芸大会っていうのがあって。あれで太神楽やって、ものすごくみんなが「うまい、うまい」って。

相山　かくし芸でも何でもない。

席亭　そうなの。鏡味小鉄って人のお弟子さんで、鏡味鉄太郎って。

相山　話は変わりますが、手拭いは、お正月のときにみなさんお作りになるのと、特別なイベントなどで作るときと、何か大きさとか決まっていますか。

席亭　手拭いは大きさが決まってますから。

相山　決まっているんですか。

席亭　一反をなんぼにしてってあれ、何枚だっけな。贅沢すれば違いますが。

相山　素材は決まっていますか。

席亭　木綿です。普通の手ぬぐいの生地と、浴衣の生地を使う人もいます。

相山　ちょっと地が厚くなる感じですか。

席亭　そうです。ちょっと厚くなる。あとは出来合いの柄があるじゃないですか、見本帳に載っているような。それに名前を入れるだけの人もいるし。自分のオリジナルの柄を新しく染めてもらうと、型から作らなきゃいけないから高くつくんですよ。

相山　熨斗の形とか昔からあるので、お名前だけ入ってるのってありますね。そういうところで値段も変わってきちゃうわけですね。

席亭　そうです。

相山　以前になんでこの手拭いはこんな薄いんだろうって思ったことがありました。

席亭　踊りで使う手拭いは、あれは長くって絹です。日舞のときとかですね。

相山　そうです。「汐汲」で、長くてふわふわっていうのありますね。

席亭　シルクじゃないと出せません。

相山　手拭いが和紙に包んであって、名前が書いてありますけど、紙のランクとかあるんですか。

席亭　あまりないと思いますね、みんな同じくらい。

相山　扇子なども立派です。襲名のお扇子を買ったら、京都のどこそこって書いてあって、和紙できれいにくるんであって、お香の香りがして、お扇子に染み込むんでるので使うたびにふわっと薫りました。

席亭　それは高い方ですね。

相山　ああいうのもみなさんやっぱり発注するところは決まってるんですか。

席亭　だいたい決まってますね。

相山　前におかみさんがおっしゃった、扇子の骨のが竹の……。

席亭　煤竹(すすだけ)ですね（古い藁葺き屋根民家の屋根裏や天井からとれる竹のこと。百年から二百年以上という永い年月をかけ、囲炉裏の煙で燻されて自然についた独特の茶褐色や飴色に変色しているのが特徴）。

相山　煤竹は材質がなかなか無いと聞きました。ただ竹を切って使うわけじゃない。色も白っぽいのと黒っぽいのがあって、結構なお値段が。

席亭　あれはすると思います。あれね、骨の数があるんですよ。

相山　決まってますか。

席亭　骨の数が一本少ないとか二本少ないとかあるんですよ。ばーっと開くのとそんなに開かないのと。

相山　骨が十五本と聞いて、全部そうだと思ってたんですが。

席亭　特に骨を一本削る人とかあります。

相山　それはお値段のことで。
席亭　そうです。
相山　広がるか少し狭まるかの差ですね。骨が一、二本足りない。これは落語家さんでも講談の方でも。
席亭　講釈師はいます。噺家さんではあまり見ないですね。
相山　ある本には、高座扇は骨が十五本って決まってるって書いてあって。
席亭　勘定したことはないけど、親骨入れて十五本ですね。
相山　外のが親骨っていうんですね。中骨が十三本。扇子の一番上の部分を斜めに削ってあるのとないのがありますね。削ってあるとかでもお値段が違う。そこが削ってあるととても持ちやすいというか、触った感じがいい。
席亭　感じがいいですよね。昔は、この要(親骨と中骨を一点で留める部分)、これもプラスチックじゃなくて金属があったんですよ。
相山　今はプラスチックなんですか。
席亭　今はほとんど金属ってないですよね。
相山　それは知りませんでした。そのほうが軽いとか、金額的なものなのでしょうか。記念品だと大事に使うので、ぼろぼろになるまで使うということはないでしょうから。
席亭　扇子ってなかなかぼろぼろにならない。扇面、ここは汚れます。あとここ、ここは白じゃない、これは塗ってあります、金銀。これ高いんです（扇子を閉じて重なった和紙が見えるところ）。

相山　塗るんですか知りませんでした。

席亭　使ってるとそこが色あせてきて。ぼろぼろにはなってきますね。

相山　ほんとに気が付かないところに工夫というか、おしゃれな部分があるんですね。

席亭　気を付けてると、ここ塗ってないのがあります。扇子には女持ちっていうのがあるんです。

相山　女持ち？

席亭　短いんです。昔はちょっとした人は対で出したんですよ、セットで。

相山　知りませんでした。

席亭　今ではほとんど女持ちは付いていません。長いほうだけ。

相山　立花家橘之助さんのお扇子がちょっと小ぶりでした。女持ちなんでしょうね。確かに高座扇では帯にしまうとちょっと苦しいです。

席亭　ちょっと長い、帯から出ちゃう。

相山　男性が使う物ですからね。そのときに橘之助さん、風呂敷を売ってらしたんですね。他の方のときも風呂敷を売ってたんですけど、それ三点セットというのですか。

席亭　いわゆる三点セットというのは扇子と挨拶状と手拭いです。真打ちになって御披露目パーティーがありますから、よろしくお願いいたしますっていう御挨拶でお渡しします。

相山　風呂敷とかは特に作らなくても。

席亭　風呂敷はほとんど引き出物に使います。三点セットには入ってません。

相山　じゃあ、あれで普段着物を包んだり。

席亭　旅行のときの着物をくるだり、あと大きい風呂敷は寒い時期に役に立ちます。羽織っちゃうんです、寒さ除け。

相山　そうなんですか。今度やってみます。お正月に手ぬぐいを持って先輩のところとか師匠のところ、御贔屓をまわるっていうのは昔からのことなんですか。

席亭　そうですね。あれは昔からあったように思います。

初席の段取り

相山　寄席は元日から開いてますから、どうやってまわるんでしょう。師匠の家は早く行くんでしょうけど、御贔屓はいつまわるんだろうって。

席亭　それはね、会ったとき。

相山　会ったとき。わざわざ家まで行くってことはない。

席亭　よっぽどの御贔屓でなければ御挨拶には行かない。師匠のところとか席亭のところには朝早く行きますけど。うちは大変迷惑だった。

相山　どうしてですか。

席亭　大晦日は夜通し何かやってるじゃないですか。昔は寄席って大晦日しか休みがなかったんです。だから何かやるにしても一年の分まとめて大晦日にやります。母なんかは子どもの着物を直すとか、肩上げ直しとかっていうのをやって、自分の着物もほどいたり全部新しくしたりっていうのをやってて。なのに朝早いんです、挨拶に見えるのが。もう八時ぐらいに。(八代目桂)文楽さんとか早かったですよ、うちの場合は。

相山　文楽さんって黒門町、ご近所にお住まいですからね。

席亭　そうです。文楽さんと(五代目古今亭)今輔さん。だから、母も八時前にはちゃんと支度をして。お正月はほんとに大変でした。

相山　今輔師匠っておばあさんの今輔さん(「お婆さん落語」で売り出し、「お婆さんの今輔」と呼ばれた)。

席亭　そうです。

相山　そういうときは、何人かお弟子さんを連れていらっしゃるんですか。

席亭　そうですね。お弟子さんがいます。

相山　御挨拶をして手拭いをいただいて、お席亭の側から何かなさるんですか。

席亭　やっぱりご祝儀。もうまとめて、一人一人じゃないですから。

相山　なるほど。元日ずっと通していろんな方がお正月お見えになる。

席亭　いや、だいたい寄席が始まる前の午前中。でもそんなに大勢は見えなかった。(五代目古今亭)志ん生さんは来なかったかな。

相山　一門で来るのが決まりですか。例えば、若手の真打ちが一人で御挨拶に来るとか。
席亭　それはなくて。
相山　ある程度の重鎮の方がお見えになる。
席亭　でも上がって何かっていうことはないです。玄関だけで。次がありますから。
相山　そうですね。忙しいですからね。
席亭　寄席はほんと元旦からですから。
相山　お正月しか来ないお客様が見えますしね。テレビ中継もありますし。やっぱりお正月っていうのは、顔付けも違います。人気の方に。
席亭　そうですね。
相山　特別料金とかされてたんですか。
席亭　お正月はやってました。
相山　二之席(一月二十日)までは「おめでとうございます」でいいと伺いました。
席亭　そうです。二十日正月っていうのもあったんですよ。うちのほうはお飾りを二十日に外してました。
相山　それで二十日正月。それは昔からされてたんですか。
席亭　子どものころからお正月は二十日まで。だから子どものとき、二十日までお年玉もらえなかった。

相山　誰かが前座さんに二十日までに会って「おめでとうございます」って言われたらお年玉渡さないといけないから、なるべく外に出たくないって。近所歩いてたら会ってしまってと。冗談でしょうけど、何十万もかかるんだよと。

席亭　かかります。お小遣いでいいんですけど、前座さんは二千円。だから二千円札できたとき便利でした。ちょうどいいやと。祝儀袋にいっぱい入れて持って歩かないと、上野で商売やってたとき、前座さんに会うじゃないですか、「おめでとうございます」って言われたら。

相山　覚えていられますか。

席亭　前座さんですか。

相山　この人、二回目じゃないかなとかは。

席亭　もしかして渡したかもしれませんけど。前座さん、「もういただきました」と言うから。

相山　やっぱり良心が咎めますね。お正月だから特別多めに二千円なんでしょうか。

席亭　大概そんなもんだと思います。

相山　それでも十人いけば二万円ですね。

席亭　私の場合は、講談もあるし、落語もあったから。

相山　倍のお年玉。そういうときは、印刷した祝儀袋をお作りになったりされてたんですか。

席亭　印刷はしてないです。普通の祝儀袋。大入り袋はありますけど。

相山　大入り袋っていうのは、寄席とか歌舞伎とかお芝居で満席になったときに楽屋とスタッフさんに配るもの。

席亭　そうです。

相山　それはどのくらい、気持ちのものなんですか。

席亭　そうですね。私の子どものころから「大入り」っていうのはありました。お正月とか、ほんとに大入りっていうときは。ただ、出す人数が多いから、ほんとにわずかでしたね。

相山　百円でも百人で一万円になりますね。

席亭　私の子どものころは五十円ぐらいだったんじゃないかなと思います。

相山　大入りになる基準は決めてらっしゃるんですか。

席亭　どうなんでしょう。決まってたかもしれない。

相山　何十人以上入ったら大入りを出すとか。

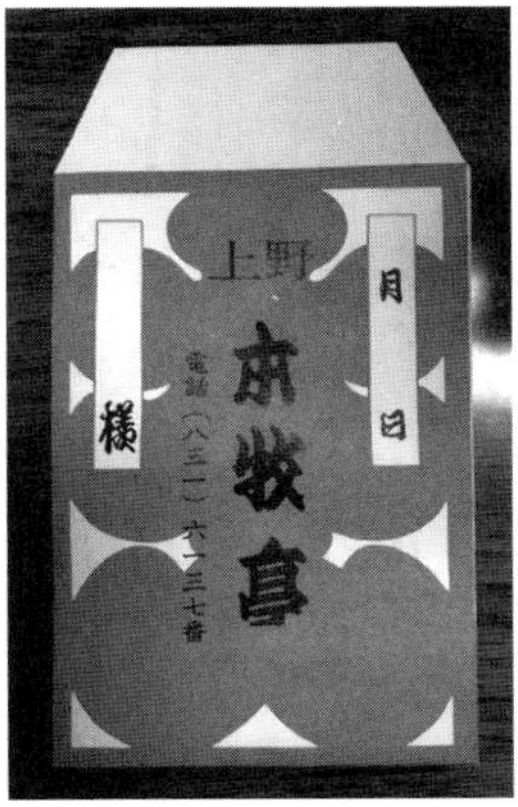

席亭　太陽さんでやらせていただいて二十人以上入ったら大入り出すことにしてるんです。

本牧亭の大入り袋

相山　決めていらっしゃるんですね。

席亭　ほんとは百円でいいんですけど、でも五百円入れて、気持ちですから。

相山　寄席をやってて、毎日決めた人数が越えたら出すんですか。

席亭　そうですね。でも、毎日ってことはほとんどなかった。ないから大入り出すんですよね。スタッフの大入り袋っていうのは、まだある。今使っています。そこに日にちを書いて、名前書いて渡してる。

相山　（本牧亭の大入袋を見る）初めて拝見しました。

席亭　そうですか。これ持ってって。

相山　ありがとうございます。寄席の割（出演料）の袋は見たことがあります。寄席の割というのは本牧亭をされてたころは毎日渡すんですか。

席亭　そうです。

相山　お客さまが入ってスタートしたときに人数が分かるわけですから、そこで出演料が決まりますね。配分というか、割合は。

席亭　今はたぶん協会で決めてあって、上りは前座さんに渡すんです。だから私、どういう配分で渡してるかは分かりませんけど、今、私がやってるのは寄席割りにすると、芸人さんにほとんど行かないんで、だから私は一律に決めちゃってます。だから太陽さんの会はだいたい赤字になって。手元には残りません。

相山　自分で主催して、手元にお金が残ることがいかに大変かよく分かりました。出演料は寄席でトリを取っている人も、そんなにはもらってないと思うんです。それでも毎日寄席に出られることをステータスと思ってらっしゃる方がいます。

席亭　寄席は勉強になるし、寄席に出てないと芸がよくならないとかってありますね。

相山　毎日しゃべってお客さまに対峙することが、勉強になるからということですか。
席亭　そうです。だから北上（きたかみ本牧亭）なんかも、ほんとにあっちまで行ってあれだけの出演料っていうのは悪いんですけども勉強になるから。東京で仕事がなければ勉強のために。
相山　人前でお話させていただくと、本番が一番の稽古というか、お金をいただきながら稽古をしてるような、そういう意味でも寄席っていうのは大事なところですね。
席亭　お客さまの反応があるから、噺家さんだと、お客さんが笑うじゃないですか、笑った間を見て、次を言わなきゃいけないし。
相山　笑いが収まるまで演者さんは待っています。
席亭　そうです。前座さんなんかそういう余裕がないから自分の覚えたのをどんどん話す。
相山　覚えたことやらないとって思うんでしょうね。確かに、その間を何秒でも待ってるっていうのは、すごく辛抱だなというのは実感します。
席亭　それは客席をよく見て、っていうから話がうまく聞こえるんですよね。
相山　覚えたことを言いたくなっちゃう。あの間を見て、お客様がほっと一息ついたところに、演者が言葉をふって乗せるから、息を吸うように言葉を聞いてくれる。ご自分のファンだけでやってるのと、「誰だろう、この人」って目で見られる寄席では、同じ噺でも反応が違います。
席亭　全然違います。そのほうが勉強になります。御贔屓は優しいですもん。

［取材日、二〇一八年十月四日、エクセルシオールカフェ新御茶ノ水店、本牧亭講談会終演後］

その6

作法と行儀

相山　先日、ある落語会で前座さんが高座返し(1)をしたら、座布団の紐が少しだけ曲がっていたのを、次に上がった真打が直してから座ったのを見ました。座布団の紐の位置まで何か決まりがあるのでしょうか。

席亭　それはありませんけど、その人の性格かしら。

相山　作法や行儀に細かい方っていらっしゃいましたか。

席亭　昔はみなさん厳しかったですよ、今よりもっと。

相山　だんだん優しくなって。

席亭　細かいことを知らない方も増えてきましたしね。

相山　木戸(2)を知らない方がいらっしゃるとか。

席亭　そう。大きな本牧亭の頃は結構うるさい先生がいらっしゃいました。三十年くらい前ですかね。一時入門者が来なくて、講談の前座さんがほとんどいなくなっちゃったから。

相山　教えることが途絶えてしまう。

席亭　そうです。

相山　いくら一番後輩でも、二ツ目さんや真打だとあまり怒れません。
席亭　そうですね。
相山　楽屋の雰囲気も変わりましたか。
席亭　全然違いますね。昔は空気が張りつめるようでね。
相山　緊張や厳しさは、前座修業や芸としてプラスになるでしょうか。
席亭　なるとは思います。でも今はパワハラとかになる。スポーツ界でも昔は殴られて当り前だったけど、今は変わってるんでしょうね。
相山　手が出るような方は。
席亭　今はないですね。
相山　緊張感で、委縮する人、伸びる人というのはいますか。
席亭　そうですね。昔は前座さんはお酒飲んじゃいけなかったんです。前座時代はお酒飲んじゃいけなかったし、結婚もいけなかったんですよ。今はそういうのありませんから。
相山　まだ一人前ではないから飲んではいけないということですか。
席亭　そうです。
相山　そういうのはいつ頃から、なくなってきたのでしょうか。
席亭　だんだんです。今は前座に年齢が高い人が入ってくるじゃないですか。三十五歳を過ぎてたり。だから、結婚した人も入って来ます。

相山　昔は十五、六の高校中退とかで入門を。二十歳前ですから、結婚前です。

席亭　そうなんです。

相山　落語でも四十を過ぎて入門ですと、もうお子さんがいたりする方もいらっしゃいます。

席亭　でも今、落語のほうでも、入門の年齢制限があるとか。

相山　（落語）協会が三十歳以下で、（落語）芸術協会は三十五歳までです。年齢が高くて入門して、真打ちになったときに、自分の師匠が元気かどうか。

席亭　そうなんですよね。それはありますね。

相山　考えてなかったんでしょうね、三十五歳で入門する人がいるっていうことは。

席亭　そうですよね。昔はなかったですもん。

相山　年齢が高い入門とは、いくつぐらいでしょう。

席亭　先代の（二代目神田）山陽さんなんかは、年になってからなされたんですね(3)。

相山　本屋さんだった方ですよね。

席亭　そうです。だいたい師匠側でも「高校ぐらい卒業してらっしゃい」って言うようになったから。今は大学卒業が多いですものね。

相山　昔は「せめて高校は出てきなさい」ってよく聞きました。今は大学を出てから。

席亭　大学出てますね。

相山　師匠との面談に、ご両親連れてくる方、いらっしゃると聞きました。

席亭　そういうのを希望する先生もいらっしゃるから、両親がいいっていえば入門を許すっていう。

相山　最近は「奥さんを連れてきなさい」って言う方もいらっしゃると聞きました。奥さんに反対されてると続けられないし、経済的にどうなるのか分からないのでと。

おかみさんの人生観

相山　おじいさまの、店の商品を踏む人はいない、芸人さんを大事にする話とか。お母さまの、お誕生日は誰でもあるんだからとか。そういう会話をいつもではないのでしょうけど、お聞きになって、おかみさんの人生観、指針などこうしてきたということはありますか。

席亭　ぼーっと育ってきて、一本通ってるものってないんですよ。

相山　お伺いしていると、学校選びや将来の相談をしたいときも、ご自分でお決めになっていらっしゃいます。すぐ親にどうしようと聞いたりせずに、ご自分で決めている。おかみさんから見たら普通なのかもしれませんけど、十代の頃から全部自分で決めて、歩いていくのはなかなかないと思います。

席亭　そうですか。でも失敗したなっていうこと、いっぱいありますよ。

相山　知らず知らずのうちに教わってることが、たくさんおありに見えます。

席亭　皆さんも、そうじゃないですか。普段、気を付けているのは人を嫌な気持ちにさせないいっていうことかしら。なるべくにこにこしてるっていうか。そのぐらいですかね。

相山　それは周りを見ていて。

席亭　人が機嫌が悪かったりすると嫌なんで。

相山　にこにこできない気持ちのときには、どうされてます？　体調が良くなかったり、不安があったり、疲れているときは。

席亭　小公女の話に『喜びの遊び』(4)っていうのが出てきて。何か反対のことを、これじゃなくってよかったなって思うと。

相山　そのお話ありました。

席亭　あれが好きだったんですよ。例えば、転んでけがしても「この程度で済んでよかったな」とか。そういう感じですね。

相山　この程度で済んでよかったたってのは聞かなくなりましたね。

席亭　そうですね。聞かなくなりました。大けがじゃなくてよかったとかね。

相山　私も小さいとき、「これぐらいで済んでよかったと、逆に喜ばないといけないよ」って言われて。小さなことも感謝する、大事に至らなくてよかったという気持ちでいつもいれば。やはりお母さまも、そういう感じでいらしたんでしょうか。

席亭　うちの母は意外にずぶとかったたっていうか。

相山　あれだけお忙しくて、大勢の人の出入りがあると愚痴をいう暇もありませんね。

席亭　そうですね。うちの家族は、あんまり怒らない質（たち）だったんですよ。
相山　それは我慢して抑えるのではなくて。
席亭　今思いますとね。女一人だったらあったろうけど、我慢してたんでしょうね、きっと。
相山　寄席でいろんな芸人さんがいらっしゃると、いろんな出来事がありますね。
席亭　結構ありました。私が子どもだったから、気が付かなかったのかも知れないですけど。
相山　おじいさまも、あんまり怒ったりとかはなさらない方ですか。
席亭　外では厳しい人でしたけど。母なんか怒られてたのかもしれません。人前では怒んなかったですね。家では祖父にも敬語で話してましたから。
相山　昔は家族でも丁寧な言葉遣いでした。
席亭　そうですよね。家長だからと。
相山　お友達というかアメリカナイズはされてませんでした。あとは人を怒るのも、人が見てないところで怒る。そういうのも減りました。今は怒るために怒ってるようです。裏で怒られるほうが、自分のことを思ってもらってる、逆にありがたいと思えます。ご主人とか息子さんとは会話でそういうのはありますか。
席亭　母と父の関係は全く聞いたことありませんけど、でもそれを見て亭主にも友達にも言われました。「なんでそんなに丁寧な言葉遣ってるの」って。でも「召し上がりました」なんていいませんけど、「食べる」とは聞かない。「食べますか」っていう感じで。「行こうよ」とか、「やろうよ」とか、とは言いませんでした。

相山　それが基本だと、どなたにもそういう言葉になります。

席亭　自分で別に気を付けてるわけではないんですけど。まだ家では、食事のときも亭主が座るところは必ず決まってましたけどね。

相山　私の家も父が座るところは決まってました。そこは誰も座らないように。そういうのは今の家は少ないようです。

席亭　そのせいか、娘んとこの息子のところもそうですね。

相山　カフェの椅子のような感じですね。朝も「おはようございます」って言ってから。

席亭　「おやすみなさい」「おはようございます」「ただいま」「行ってきます」は必ず。

相山　そう言って決めておくと自然と出るものです。

席亭　あいさつは自然ですよね。

相山　家族は最終的には一番、身近な他人です。

席亭　そう思います。

相山　でも今の人から見たら丁寧に聞こえるんでしょう。昔は当たり前だし、ただそのことは、朝からちゃんとするような、とてもいい習慣だと思います。お子さんには、「おはよう」ですか？

席亭　そうですね。「おはよう」ですね、子どもと孫には。

相山　お孫さんとお話しされてるときに、おじいさんに言われたのよ、という会話をなさったりとかありますか。

席亭　孫は分からないから。だから、私の亭主の話はしますけど、祖父のことは話したことあるかな？　おじいちゃんじゃなくて、私のおじいちゃんはこうだったわよって。ないですね。

相山　そうですか。お孫さんは大学生ですか。

席亭　いいえ。一人は大工さん。もう一人はＩＴ関係の会社で仕事してます。

相山　大工さんって演劇関係ですか。

席亭　いいえ。大学辞めたときに国立劇場の松竹の大道具に入ったんです。そこを辞めて今は大工さんに。今年の九月で年が明けるっていうのかな。もう本当に見習いが終わって、一人前になります。学生が二人いて、一番下はまだ小学五年生。その上は、新百合ヶ丘にある昭和音楽大学でオーボエを。

相山　クラシックの演奏をされているのですか。

席亭　「食べていかれないよ」って言って。

相山　相当な御贔屓がいないと難しそうです。

席亭　女性だから別に食べていかなくっても。自分の仕事としてやる分には。

相山　落語と講談は、お稽古料はかかりませんけど、音楽のレッスン料は。

席亭　そうなんですよね。

相山　大変ですね。

席亭　うちの家系にいないんですよ、そういうの。

相山　でも皆さん、芸能というか。携わってる方がいらっしゃる。稽古をするのを見てるというか、そういう感覚が伝わってるんでしょうね。

席亭　そうですね。でも娘も好きだから。あんな時間、稽古するのかなと思うと。

相山　食べる、寝る、お風呂に入る以外は、全部お稽古しないと。それでどうなるとか、うまくなるとかっていうのとは、また違います。でもそれが普通。

席亭　だから、それ以上だったら留学しなきゃいけないし。

素直なこころ

席亭　以前、前座さんに「注意されたら、ありがとうございますって言いなさい」って言ったことがあります。自分のためを思って注意してくれたんだから。だから「それやっちゃ駄目よ」って言われたら、「ありがとうございます。分かりました」って。今の人って注意すると嫌がるんですよ。

相山　翌日から来なくなったりするので。それが自分にとって違うと思っても、まず「ありがとうございます」。勉強になりました。最近、言い負かさないと負けてしまうというような考えの方もいて、自分の主張、正当性というのをまず言わないとなめられるというか飲み込まれると思っているようです。次に会ったときも、いいようにされちゃうからっていう話は聞きます。しかしそこで、言葉で柔らかく話せば人間関係に丸みが出ます。向こうも攻撃的にはなれませんね。いつの頃からか、みんな戦うように。

席亭　そうなんですよね。権利を主張するのはいいことなんですけど、主張だけじゃ通らない。角が立つ。

相山　結局、もめないとならなくなります。それだけ、ストレスがあるんでしょう。何か溜まってるものを、何かのきっかけで言いたいんでしょうね。素直になるって大事なんですね。

席亭　そうです。やっぱり人の話は一応、素直に聞いて。

相山　人柄はともかく、芸は素直という方。それとも、素直な方は芸も人柄も素直ですか。

席亭　そうですね。自分を持ってる人はそれが個性だから、大事なんでしょうけども。

相山　素直にお稽古も受けないと、登場人物の心構えも変わってきますよね。

席亭　そうです。

相山　前座さんって怒られてばっかりなので、素直でいるって大変だろうとは思います。

席亭　それは自分が一人前になったとき、全部自分の肥やしになってます。理不尽に怒る先生も、昔はいらっしゃいましたけどね。

相山　お弟子さんのネタになってる師匠もいらっしゃいます。お弟子さんは師匠が怖いってことを高座で言います。○○しないと怒られるとか。そもそも師匠とうまくいかない方は話に出さないですよね。

席亭　そうです。
相山　やはり師匠が好き、尊敬する、愛情がないと、やはりネタにもならない。
席亭　できないですよね。
相山　お手伝いを頼まれても断ります。仕事がありますって。
席亭　聞いてて気分が良くないですよね。本当に嫌いなんだっていうのは。
相山　好きでやって、こんなこと言われて、僕は困ってるんですみたいなのが。師弟関係も自分の親と一緒にいるよりも長くて。親子よりも濃いものかもしれません。

講談スタイルの変遷

席亭　そういえば、張り扇(5)の使い方で、高座に上がって、コンコンッて打ったっていうのは、あれは昔はトリを取った先生が、後席(ごせき)があったら二席やったんですよ。それで、きょうは後席がありますよっていうんで二回叩いたんです。
相山　後席っていうのは後の席って書くんですか。
席亭　後の席だから自分が二席やりますっていう。でも、今の講釈師はそれを知ってるようで、知らなかったたって。普通は一回、ポンッて叩くもんなんです。
相山　今は、起きろ！　みたいに叩く人がいます。
席亭　それはそれでいいんですけど、もう高座に上がって、ポンッて叩いて、話を始めるんですけど。今はどなたでもポンポンッて二回叩きますよね。それは、先代の山陽先生がそうだったんです。それから、先代の(六代目宝井)馬琴さんとか、(六代目一龍斎)貞丈さんに継承されてるかな。あそこら辺の人は叩かなかったんですかね。ポンだけです。

相山　一回だけですか?

席亭　はい。

相山　トリは必ず。

席亭　叩かない先生もいらっしゃいました。

相山　叩かないで、お辞儀をして。

席亭　噺を始めちゃう。

相山　それは、お客さまが聞く態勢でいたからでしょう。お客様に知識がおありだから。

席亭　今も張り扇をポンポン叩くのが講談だっていうことになっちゃってあるから、叩くんですけど。

相山　修羅場みたいにパンパン叩いて、勢いがあるのが講談だと思ってる方が多いようです。叩くのが少ないと物足りない顔をします。

席亭　そうなんですよね。本当に噺の場面の転換のときとか、そういうときにポンッて叩いてたんです。

相山　映画のカットみたいなところで、ポンッ。

席亭　そうです。

相山　『宮本武蔵』ではある程度叩いても、基本は登場してきて二つ叩くことは、真打ち以外はしないものですか。

席亭　そういうことはないですけど。修羅場みたいに、ああいうリズムのあるものは、やっぱりあのリズムがありますし。

相山　叩く回数とか、以前は決まりというか、何となくこうするってのはあったんですか。

席亭　最初の先生は今の半分も叩いてないですね。

相山　そうなんですか。いつの頃から、こんなに叩くようになって？

席亭　私が覚えてるのは、先代の山陽先生ぐらいかな。叩きましたよね。

相山　二代目の山陽先生。

席亭　そうですね。

相山　今の方は叩きますね。

席亭　叩きます。あと、(田辺)一鶴さんは言葉が出てこなかったんです。昔の長老っていう先生は、先代の(二代目神田)松鯉先生なんかは、ほとんど叩かなかったですしね。

相山　古い講談を聞くと、すって入ってきて。あれ、静かだなって思いました。叩かなくてもいいんですか。

席亭　そうなんです。できるんです。

相山　お客さまが知識があったから、できたことなのかもしれません。

席亭　でも話の区切りとして、ポンとはありましたが、今みたいにパーンッて響き渡るようには。そんなのはやっぱり、武芸物のときは叩きますけど。普通の世話話とか、ああいうのではあんなには叩かないですね。

相山　もっと軽い感じですか。

席亭　そうです。

相山　それでは、どんどん叩いて張り扇も減っていきますね。釈台も削れていきます。やっぱり、伺ってみないと分からないことがたくさんあります。

席亭　でも、それも時代ですからね。

相山　勢いに圧倒されるよりも、静かに染み入ってくるような話芸なのでしょうか。

席亭　でも若い人が望んでるんですからね。

相山　おかみさんの小さい頃のお話から、講談の先生方の、今は誰も知らないような貴重なエピソードもたくさん伺えて幸せでした。むしろ、今の講談の若手さんのほうが、興味を持たれると思います。引き続き本牧亭さんの講談会にも通い続けたいです。お時間いただきましてありがとうございました。

註

（1）前座さんの仕事の一つで、前の演者が終わり次の演者が上がる前に出て座ぶとんをひっくり返すこと。

（2）寄席の入り口

（3）二代目神田山陽。本名・浜井弘（はまいひろむ）（一九〇九年八月三十一日、中国大連生まれ）。生後すぐに東京に移住。書店・出版社の「大阪屋号書店」の社長の嗣子として生まれる。一九二八年、旧制日本大学中学校（現在の日本大学第一高等学校）卒業。私財で講談の発展に力を入れ、一九三六年、大谷内越山の会に参加。一九三九年、家業を閉め「お旦」の出身で師匠を持たず「品川連山」の名で独立独歩で歩む。落語家八代目桂文楽の内輪になって薄手だった神田派に迎え入れられる。一九四二年、講談組合の真打に昇進。一九四七年、三代目神田小伯山を襲名。一九五五年、二代目神田山陽を襲名。二〇〇〇年10月30日、腎不全のため死去。享年九十一。一九三六年に「品川連山」の名で講談を始めたので三十歳前後での講談界入りとなる。

（4）どんなことのなかにも喜びのタネを見つけだし感謝に結びつけていく。それを〝喜びの遊び〟と名づけている。

（5）ものを叩いて音を立てるためにつくられた専用の扇子のこと。

［取材日、二〇一九年一月六日、御茶ノ水スカイラウンジ太陽、「本牧亭講談会」終演後］

ロングインタビューを終えて

私が講談と出会ったのはいつの頃からだろう。祖父が芝居や演芸好きということもあり、小さい頃から親しんできた講談や落語の世界。

生の講談を聞いたのは、二十代の頃に寄席や、湯島にある「本牧亭」何回か遊びに行った。

講談は詳しくないが好きで、安藤鶴夫氏の『巷談本牧亭』（一九五九年）や、おかみさんのお母さま石井英子様の『本牧亭の灯は消えず・席亭石井英子一代記』（駸々堂出版、一九九一年）も読んでいた。演者ごとに違う口調や語りの魅力、張り扇の気持ちのいいポンッという音、毎回いいところで噺が終ってしまい、次を聞きたくなるあの気持ちがなんとも堪らなくて「いいもの、素敵なもの、聞いていてゾクッとするもの、胸踊るもの」だった。当時の仕事や人間関係で疲れていた私にとって唯一、浮世を忘れさせてくれる、それが講談であり落語であった。

「本牧亭」は入り口から狭い階段を上がり、和室に座る。私が行ったのは、二代目神田山陽先生の晩年の頃だった。一階が和食料理「ほんもく」だった。そこでお食事してみたいとずっと思っていた。当時は、今の三代目神田山陽さん、神田茜さんがまだ二ツ目で女流講釈師が増えていた頃。私は、神田松鯉先生が一番の贔屓。

講談が終わると、外に先生方がずらりと並んでお見送りをしてくださった。今では考えられないような贅沢な時だった。それが私の本牧亭との想い出。

時は過ぎ、落語コンシェルジュと名乗り活動している私に、ご自分のお店でも寄席を開いている「太陽」のマスターが「本牧亭のおかみさんのインタビューをしてみませんか」と、お声掛けくださった。太陽さんで毎月「本牧亭講談会」を開いている。ぜひお席亭の話、講談の懐かしい話をかたちにして欲しいと。講談は好きだけど詳しくはない。そんな私でいいのだろうか。それにお会いしたこともないのに……。一瞬戸惑ったが貴重な機会とお受けすることにした。

お席亭とは寄席のオーナーだ。芸人さんの出番を決めたり、次に何が流行るかと世の中の一歩先を見て舵を取る。「きっと厳しい人なんだろう」嬉しさと不安が交錯する思いでお目にかかった。

本牧亭のお席亭清水孝子様は、周囲からおかみさんと呼ばれていた。笑顔も声も可愛らしい、素敵な方だった。お着物のセンスも抜群。その笑顔でこちらの緊張が溶けてゆく。私はすっかりおかみさんのファンになってしまった。

初対面で厚かましくもインタビューをお願いする。「私でよければ、いいですよ」と、それから約一年間、九回に及ぶロングインタビューが始まった。

本牧亭の建物はなくなっても、若い人に勉強して欲しいと、今は「本牧亭講談会」となり、お茶の水の「太陽」で毎月第一土曜日と日曜日に開催されている。

お話を伺えば伺うほど知らないことばかりで、私はわくわくしていた。寄席のお席亭の生活って？　芸人さんたちとのお付き合いは？　どんな会話をするんだろう？　私たち演芸ファンが憧れる、高座の裏側から見る世界はどれだけ華やかなものなんだろう。意外にも、お席亭ご家族は堅実にお暮しのようだった。

時代が違うとはいえ、大勢の女中さんや従業員、芸人さんにお客様に囲まれてプライベートのない母親である先代お席亭。周りの人も働いていて、学校から帰っても誰も話を聞いてくれない。誕生日なんて、みんなあるんだからとお誕生日会もない、家族旅行もほとんどない。寄席のお休みは大晦日だけ、でも新年の準備で夜通し忙しい。

母親と一緒にいたくても居られなかった娘時代のおかみさん。明るくて、くよくよしないおかみさんの性格だから堪えられたのだと思う。でもさみしいばかりじゃない。お祭りはお母さんとじゃなくて女中さんと、近くの映画館は本牧亭のお嬢さんとわかっているから顔パス！　高校生のとき、ひと夏友人と葉山で過ごしたりと、豪華な夏休みはさすが寄席のお嬢さんといった感じだ。

自宅と高座が一緒の建物で育ったおかみさん。毎日講談を聞いていてさぞ羨ましいと思いきや、寄席のあいだは静かにしていないといけなかったから、よく大きな声を出して遊んで怒られた。子供が静かにしているのは大変だったと思う。講談がいいなと思ったのは十二歳の頃。誰がいい悪いなどとも口にしない。

そうして自由になれる時間はたっぷりあった。

縫い物が好きで人形を作る、色鉛筆などの色を見ているのが好き。

本が好きで、ファッションの世界に進みたかったおかみさん。

本牧亭を継ぐつもりもなく、言われもしなかったのに、自然な流れで手伝い始めて、結婚して結局そういうふうになってやるようになっちゃったと。

屈託なく「寄席の世界しか知らないから」「そんなものだと思って育っちゃったから」「比べてもしょうがないことはしょうがない、そういうふうにしかならないんだから。悪い状態でもいい方を選択できることはできる」。人の悪口を言わない、そういう考えのご家庭で育ったことは、芸人さんとお付き合いするのにも、おかみさんご自身を守るのにも役に立つ。

今とは違う、芸人さんとの家庭的なふれあいやお付き合い。おおらかな時代は、芸人に優しかった時代でもあった。

あの寄席文字は橘右近さんの前は、寄席のスタッフが書いていたなんて！

芸人さんの着物、御贔屓、真打披露のお披露目パーティや引き出物、扇子、張り扇、手拭いやお年玉などのお正月の習慣、寄席に出て毎日高座に上がることの大事さやお客様の反応。なにより芸人さんに対するあたたかなまなざし。講談界をずっと支え続けてきた、これからの行く末までも見守ろうとするまなざし。

新聞社主催の、地方の仕事の気遣いと楽しさ。東京と地方の人たちの、芸人さんに対する気の遣い方の違い、移動の大変さ。

田舎の山道で車が止まってしまい、東京から来た一流のメンバーと車を後ろから押す。ホテルの部屋割り、ハードな日程、タフでなければ大勢の芸人さんをまとめられない。そのかわり、普通の人が見れないような景色を見たり、美味しいものもたくさんいただいたのよと、嬉しそうに話す。

北上のまちおこしで頼まれて始めた「きたかみ本牧亭」はもう十五年続いている。東京でも演芸の会は同じメンバー、同じ場所ではそうそう続かないものなのに十五年！　ひとえにおかみさんのお人柄とご尽力の賜物と思う。

私も「きたかみ本牧亭」に伺った。街の人の講談、落語を楽しもうという素直な嬉しさ、会場のスタッフさんの演芸を愛する気持ち、そのあたたかさが伝わってくる。東京ではちょっと味わえないような感覚で二日間楽しんだ。演者のそれに答えようとする姿勢にも感銘した。

私はだんだん芸界の話より、おかみさんの人生観や、心がけていることを聞きたくなった。そこには、人生を辛い方へと向かわせない何かがあるのではないだろうか。

家のなかで、「あの人はいい人よ」って話はするけど、人の悪口は言わない。「人の悪口いうと自分に返ってくる」「人の面倒を見るのは、返ってくるのを期待して面倒は見ないこと、やってあげたら絶対言ってはいけない」「お金は貸したら、返って来ないもの」。これらは全て昔はよく聞いた言葉で、徳を積む行為だ。

「そう思っていれば自分がすごい楽。そう育ったのはありがたい」

「本当に嫌いな人はあんまりいない」

少しの心がけで、気の持ちようで、日々の暮らし、人生はかわってゆく。

「比べてもしょうがないことはしょうがない、そういうふうにしかならないんだから。悪い状態でもいい方を選択できることはできるから」

おかみさんはいつでも自然体だ。本牧亭は二〇一一年に倒産した（清算は済んでいる）。

「破産したり倒産したり、とことんなくなると、人の良し悪しがわかる。無くなってよかったと思う、そう思うと周りの人がよくしてくれる。本当にありがたい」

なかなか言えることではない。倒産しているのに「本牧亭」の名前で興行ができる。これもおかみさんのお人柄ゆえだ。

日本家屋にはあたりまえの長押（なげし）、寒いときに使う手あぶり、寄席の下足番（履物を預かる）等、以前はあったが聞かなくなった言葉がたくさんあった。知らないとはいえ、ずいぶん教えていただいた。

寄席の世界に生きるお席亭としてご活躍され、女性から見てもお洒落でかわいらしいおかみさんに、一年近くインタビューできたことは僥倖だった。毎月第一日曜日は講談会に行くのが楽しみだった。

これからもおかみさんの活躍は続く。全身全霊で講談界のことを想い、行く末を見守るために。

おかみさん、長いあいだインタビューを受けてくださってありがとうございました。私はこれからも趣味とも仕事とも、講談を愛して聞きつづけていきます。もちろん、またおかみさんに会いに行きますね。

番外　ブラック師匠と私

相山　本日は、お導きよろしくお願いいたします。

ブラック　『映画　宝島』って雑誌で、毎年ベストテン、ワーストスリー、主演男優賞、女優賞、助演男優賞、女優賞と『こいつ死ねばいいと思う映画人』っていうコーナーがあるんですよ。僕は森田芳光監督の『武士の家計簿』って映画に、仲間由紀恵のヒロインが加賀藩の侍のところに嫁いだら、新婚初夜の晩に舅の中村雅俊が「わが家は軽禄といえども、ご直参の家柄である」はあ？ご直参は将軍家に仕える家来だぞ。加賀藩の侍が、なんでご直参なんだ。日大芸術学部で落研なのに時代劇も知らないのか。死ねばいい森田芳光って書いたら、本が出版される前に死んじゃったんですよ。それから私の原稿は、映画界で映画デスノートって恐れられて。

一遍、アスミックっていう映画会社が無礼なことを試写でして。試写の案内状が来たから、試写状持って座席にいた。新人の女の子が私のはがき持ってきて「これ、どうなさいました？」はあ？

立川談志って書いたはがき持って来やしまいし、立川志らくって書いたはがき持って来やしまいし、快楽亭ブラック様って案内状が来たからそれ持って。何言ってんだ、あんまり腹が立ったから映画デスノートに書くぞって、その月の映画批評に書いた。翌月行ったら土下座で謝るんです。編集長に「俺、脅した?」「脅しました。ブラック師匠、書くと本当になるから」コンシェルジュの原稿も、インタビューした相手がもう三人も死んじゃったから、これはもうお笑い界デスノート。

相山　インタビューしたい方、たくさんいらっしゃるんですから。そんなこと言われたら断られちゃいます。

左談次師のこと

ブラック　それで本に載る中で、お亡くなりになった方の思い出話をしようと思うんです。まず、亡くなった順に言うと左談次ですね。何年前ですか、もう五年くらい?

相山　二〇一八年でした。インタビューさせていただいて、それからすぐにお亡くなりに。

ブラック　正月のミュージックテイトの会でしたよね。

相山　そうです、渋谷らくごと二回。

ブラック　真打ち披露のときに、彼は落語協会が認めた真打ち、立川流になってからの真打ちじゃない。上野、鈴本で真打ち披露の初日に、落語協会のそうそうたるメンバーが口上で並んでくれた。そうそうたるメンバーを前に出してトリを取ったのに「スポーツあれこれ」で八分で下りちゃった。普通は三十分ぐらい、どうだ俺はってやるのに。それぐらい落語に執着してなかったのが晩年、自分の余命宣告されてからあんだけ落語に執着するようになっちゃって。そんな落語好きじゃないはずだったのに。なんでかなと思ったら、緊縛師の志摩紫光先生に言われたことで一番印象に残ってるのが「人間、苦痛と快楽と同時に与えたら、快楽のほうに神経集中するもんだ」これは分かるんですよ。大仁田厚のデスマッチだって、有刺鉄線、電流爆破マッチ、ロープに振られたら有刺鉄線で肉が裂けて、血が噴き出したところに爆弾が爆発するんだから、火薬で痛いの二乗なんてもんじゃないでしょ。でもお客さんのわあっていう歓声で、その痛みがエクスタシーに変わっちゃうんですね。だから、そのがんの苦しさを笑いでカバーしてたのかな。

立川左談次、快楽亭ブラック（1976 年 6 月 23 日）

相山　残された時間が少ないということで、落語に対する思いが変わったのか。インタビューでも時間がない、今は落語をしてるのがすごく楽しいっておっしゃってました。軽くやるのがいいんだ、感情を込めたり芝居のようにやるのは、自分はあんまり好きではないとおっしゃってましたね。

ブラック　人間的には、屈折しまくってて。落語家として、落語家の生き方っていろいろあるけど左談次兄貴は、お旦、スポンサーに食わしてもらってる。一番のお旦が弁護士で、弁護士のクライアント、悪人ですね。悪人から仕事もらって、ゴルフコンペの司会とかで、自分の感情を殺してひたすら尽くすから、反対に酔っぱらうと人の感情を壊したくてしょうがない。

相山　逆なでするようなことがしたい。

ブラック　新婚家庭に行って、どんだけ離婚さしたか。夜中に来るんですよ、急に。わが家もやられた。「おい、かかあ。ジャムトーストに目玉焼き乗っけて出せ」素人だから、言われた通りに作るでしょ。一口食って「こんな、まずい物が食えるか」私だから、おめえが作れって言ったんじゃないかって突っ込み返せるけど、普通の奴は何も言えないからさ。

相山　酔うと、そうしたくなってしまう。

ブラック　そう。暇なときはね、僕の落語会とかよく遊びに来て、僕の客に絡むんですよ。兄さんやめてよ、俺の客なんだ。「馬鹿野郎、俺の客に絡めねえから、おめえの客に絡んでる」

相山　自分の客には絡まない。

ブラック　言ってることは正しい。

相山　ブラック師匠は困りますね。

ブラック　僕の友達で直木賞作家の高橋義夫っていうのも、私の兄弟子だって思ってずっと我慢してた。とうとう腹立って、左談次めがけて割り箸を袋ごと投げたら、投げつけられたときの左談次の愉快そうな顔。こいつ、本当に性格悪いなと思う。相手を怒らしたってことが快感でしょうがない。

相山　怒らせたから俺の勝ち。

ブラック　そう。そのとき僕、彼女と一緒で。夜中二時すぎかな、こんななったらしょうがねえや、どうせ翌日なったら覚えてないんだし帰ろって、彼女の袖引いて帰っちゃったんですよ。彼女堅気のＯＬで、僕んちは沼袋にあったんだけど、翌日彼女会社行かなきゃいけないから、近所のビジネスホテルに彼女と一緒に泊まったんです。目の前が中野駅、彼女会社が虎ノ門だから四ツ谷まで行って丸の内線に乗り換えて、また一駅で銀座線に乗り換えたらぎりぎりまで眠ってられるから、少しでも彼女を寝かしてやろうと思って。でも気が付くのね。「毛唐がいねえ。女もいねえ。女、うちに連れ込みやがったな」談笑がまだ前座で「おい、毛唐のうち教えろ」って。談笑が男気ある奴だから「いや僕、ブラック師匠のお宅存じません」「嘘をつけ。おめえ、いつも毛唐に稽古付けてもらってるじゃねえか」べろべろになっても冷静なんですよ。

相山　そういうことは忘れない。

ブラック　それでタクシーで左談次、談笑、家元のせがれ夫妻の四人でタクシーに乗って。そっから私の所までタクシーでワンメーターなんですよ。抵抗してくれたんだね、談笑。「いや、酔っぱらってよく覚えてません」って、ぐるぐる回って四千円かかったんだって、ワンメーターの所。

相山　頑張りましたね、談笑師匠。

ブラック　それでもう諦めてくれるかと思ったけど、諦めるたまじゃないでしょ。わが家、着いたの三時半。居ると思ってる、寝てると思ったから、「おい毛唐、出て来いよ。〇〇〇〇してんじゃねえ」って三十分ぐらい戸を叩き続けて。居なくってよかった。周りには近所迷惑だったろうけどね。

相山　後輩の家に夜中に行ったら留守で、煙草の吸殻を十何本もドアの前に置いて帰る。後輩が帰ってきたら近所の人にすごい怒られた。もうひと目で、左談次さんが来たって分かったって。エピソードとして聞くには楽しいですけど、当人はたまったもんじゃないですね。

ブラック　でも酔っぱらい同士って、先酔ったもん勝ちなんですよね。川柳、左談次が一緒に酒飲むと、川柳のほうが弱いから酔っぱらう。左談次は酔えなくなって介抱係になる。

相山　川柳師匠もいい気分で酔うと、隅のほうに行ってラッパのチューニングを仕草でなさるんです。プップッって音がする。それを見るなり前座さんが「もうお開きです。川柳師匠を送ってくれる方はいらっしゃいませんか」って帰そうとする。あれもすごかったです。

ブラック　左談次が最後もうあと一日か二日っていう時に、私と龍志と談幸の三人に会いたいって言った。龍志と談幸はすぐ病院行ったんだけど、私ちょうど今の時期の3月中旬は、黒船賞っていう重賞レースがあるんです。それ観戦しに青春18きっぷで旅してた。ちょうど高松のホテル泊まったときに電話があって、東京帰るの2、3日後になりますって言ったら結局会えなかった。あいつは、そういう奴って。

相山　あんちゃん、間が悪いって。

ブラック　うちの子が幼稚園の頃、一緒に銭湯行って私が体洗っていると、前に鏡があんでしょ。

私に映るように「父ちゃん、俺、酔っぱらっちゃった」って、酔っぱらいのまねするんですよ、幼稚園児が。うまいのよ、これが。でも、子どもだから誰かのものまねでしょ？　でも、川柳は危険人物だから、わが家に寄せ付けないから川柳じゃないだろうな。「分かったおまえ、それサダちゃんの物まねだろ」って言ったら「違うよ、サダちゃんはこうだよって」自分の下半身いじりだして。おまえ、そんなことやられてんの？　「兄さん、秀次郎がこんなこと、サダちゃんはこうだってあんたのまねしてたぞ。秀次郎が下半身いじって」「だって気持ちいいんだもん」って、怒るに怒れねえ。

快楽亭ブラック、立川龍志

相山　今なら問題です。

ブラック　だから、いつもネタにしてたんだけどね。僕が談志に付いてすぐのとき、早く仕事が終わって開店早々の美弥に五時ぐらい着いて、他に客誰もいない。美弥のマスター田中さんに談志が、まだ左談次が談奈っていって十八のとき「うちの談奈に、俺と寝るか落語家辞めるかって言ったら、あいつどうするかな」俺それ聞いてどきっとして、談志師匠ってそうなの？　と思って。俺が知ってるの、聞いたのそれだけですよ。でも、辞めてない。左談次は落語家を続けてる。ホモの世界はどんでんっていって、最初ほられたやつが、あるときから、ほるほうに変わるっていうから。秀次郎に言ってるのを見るとっていう、状況証拠だけ取り上げると。

相山　うわぁ。

前田五郎師匠のこと

ブラック　前田五郎師匠は大阪のお客さんが毎月1回、アワーズルームで前田五郎ショーっていうのをやってて、これがめっちゃ面白いんですよ。中田カウスの悪口と昔のヤクザとの付き合いと、自分がやった有名人の話かしないんだけど。ともかく面白いですから、ブラック師匠、一度ゲストに呼んでください。でも自分で見てみないと呼ぶわけにいかないから、その前田五郎ショーっていうの行ってみるよって、土日は稼ぎ時なのを、日曜日に仕事取らないでわざわざ大阪まで行って。客席で黙って聞くわけにもいかないから、開演前に楽屋に挨拶だけした。僕が大阪時代、桂三枝の弟子だった時代の超スターですから。当時はペーペーだから、もうとても、ろくに。

相山　近づくことができない。

ブラック　でも、すごく温かく迎えてくれて。なんか話しなきゃいけないから「僕、五郎師匠のおかげで初体験できたんですよ」「何やねん、それ」って。グルーピーみたいなのが、Sさんのところに三人来たんですよ。一人で三人相手できないから、コメディNo.1に、やれそうな女おるから来えへんか。七時にミナミのスナック集合な。

Aは来たんですよ。でも五郎師匠、来ないんですよ。ファンに手を出さないのがポリシーだし、手出さなくてもモテるから。私はもう二人が来たら、それでお役御免だから帰るつもりだったら来ない。女3人男2人で1人余っちゃうから、おまえも付いて来いって言われて。

桜ノ宮が大阪のラブホ街で、そこにタイヘイトリオっていうトリオ漫才のボケのおばちゃんが経営してるラブホがあって、芸人はそこへ行くと芸人割引になる。そこ行ってS、Aはやったら帰っちゃうわけですよ。でも私は安アパートだからホテル泊まったほうが快適。私だけお金払ってもらって泊まって。女も寝ぐらがない。翌朝三人の女連れてラブホから出るのが恥ずしくて、よっぽど性豪だって周りに思われる。それすごいウケてくれて客席で聞いてたら、途中で「きょうは客席に快楽亭ブラックが来とるから」って呼んでくれて、さっきの話もう一遍お客さんにしたってくれ。

それから付き合いが始まって、面白かったんで自分の会に。まず手始めに一番、近い名古屋の会から呼んで。それから東京に何回も呼んだんですけど、岐阜の河村さんってお客さんが「前田五郎師匠って、ある日突然われわれの前に現れてくれて、自分たちが知ることもできない芸能界の上のほうのすごいディープな話をしてくれて、ある日突然、去っていきましたね」なんか、天から舞い降りた天使みたいに思われて。話す内容が美空ひばりとか、萬屋錦之介とか、片岡千恵蔵、嵐寛寿郎、もう芸能界。あとは野球界だったら野村監督、江本、そんな話してくれるから、もうすごい楽しかった。

一番、忘れられない話が二つ。一つは、藤山寛美先生が飲みに行くのに松竹新喜劇の誰も連れて行かないで、吉本と松竹のコメディNo.1の二人と、HとJとTかな。この五人が全員アホだから、内山田洋とクールファイブじゃなくってフールファイブって名付けて、いつも連れ歩いて。前田五郎師匠はその中では一番しっかりしてるから、財布は前田五郎師匠に預けて会計をまかせる。

そうしたら京都の大親分からご招待があって、自宅でご馳走してくれる。フールファイブ連れて行ったら、その大親分がドーベルマン飼ってて。ドーベルマンは藤山寛美先生知らないから吠えかかろうとしたのを、お客さんに吠えかかったらえらいことだから子分が必死に止めて事なきを得たんです。そんとき三百万お車代、フールファイブが一人十万ずつ。

ひと月後、また中座に電話かかってきて、「また自宅に来ていただきたい」「この間、大きな犬にかみつかれそうになって、えらい怖い思いしたさかいな。行きとないわ」「いや、そのことでお詫びしたいから、ぜひ」行ったら前回はラフな飲み会だったんで、親分もくつろいだ格好してたのに、次に行ってみたら親分以下全員、紋付き袴。玄関の敷居またいだ途端に親分以下、平身低頭して「先生、先月は誠に申し訳ございませんでした。けじめ取らしていただきました」ドーベルマンの小指詰めてあって。これ、唐獅子株式会社に出てくるギャグなんですよ。僕、それ子どもの頃読んでバカうけして面白れえな、フィクションだと思ったら実際にこういう事件があったんだ。

小林信彦が藤山寛美大好きで、七月、八月が新橋演舞場で松竹新喜劇公演だったんです。その時楽屋に入り浸って、それで小林にこの間こんな面白いことがあったんやって話したのを聞いて小説に書いたんだ。あともう一つ、これは僕も覚えてるんだけど、九州に若手のS、Bが落語やりに行って帰りのグリーン車で若くてかわいいお姉ちゃんと知り合いになった。ナンパしようと思って「お姉さん、どこまで帰りますの?」「はい、新神戸まで」「お名前は?」「はい、Tと申します」「S兄さん、新神戸のTさんやって」「ほんまやな。ほんまもんやったりして」ね、まさかと思うでしょ。ほんまもんだった。新神戸着いたら子分たちが、ずらあ。「お嬢さんお帰りなさい」「ほんまやったんや」電話番号交換しちゃった。お嬢さんから電話かかってきて「私、今、釣りに凝ってるんですけど、よろしかったらお笑いの皆さんと一緒に釣り行きたいんです」Sのところに電話かかってきた。「はい、分かりました」って、コメディNo.1とKとB誘って、神戸港から船出して。今の釣り船ってトイレ付いてる?

相山　あると思います。

ブラック　その時分、付いてないんですよ。長時間の釣りだから、お嬢さんが船でするときは、子分がガードして見えないようにして、帆先でスカートをめくってパンティ下ろしてやったわけでしょ。「本日はどうも、私のわがままにお付き合いくださいまして、ありがとうございました。わが家に簡単なお食事、用意してありますので、どうぞ」神戸のT御殿連れて行かれて。飲んだことのないような旨い酒が出て、ご馳走が出て。まだブレークしてないBが酔っぱらっちゃって、もう三代目以下、子分たちずらずらといるのに「けどさすがでんな、お嬢さん。きょう船の中でおしっこしてんの、ちらっとのぞいたけど○○まで菱形でんな」もう子分たちが一斉に内ポケットからチャカ出そうとしたのを、三代目が「何してんねん。芸人さんが、洒落言うてくれたんやないかい。

笑わんかい」みんな引きつって「ハハハ」って。T御殿出てから、みんなでBど突き倒して。おまえのおかげで、こっちまで弾かれそうになったやないか。こんなすごい話してくれるもんだから、楽しくて。

相山　さすが神戸芸能社。洒落って言ってくれたんですね。

ブラック　五郎師匠が、僕の大阪で一番熱心なファンになってくれて。大阪で会やる度に来てくれるんです。お酒飲まないから、打ち上げ基本参加しないの。こっちがたまに「師匠、今日は付き合ってください」って言うと出てくれて、いろんな話してくれて。一番最後に「六月は知り合いの葬式の打ち合わせで行かれへんねん、堪忍してや」で来なかったんだけど、倒れてもう連絡つかなくなっちゃった。五月の会が最後だったんですけど、楽屋に来てくれて。僕映画好きで、大阪行く度に新世界東映で映画見て帰るの知ってて「自分、明日また映画かいな」師匠は大衆演劇が好きなんですよ。「師匠、またお芝居ですか」「ちゃうちゃう、わし、〇〇〇やねん」これが遺言なの。まさか死ぬとは思わなかった。あんな元気だったのに。

相山　お酒も飲まないし、食事も随分気を使われていたから、ずっとお元気だと思っていました。よくお電話をいただいて。必ず「五郎です。おはようさん」って言って「東京の寄席どうですか、あなたはどうですか。お父さんとお母さん元気なの？」とまずお気遣いいただきました。今日は、こんなことしてあんなことして、家電量販店を二軒、全部階段使って歩いて二万歩、歩いた、それじゃって。その都度覚えときなさいとはおっしゃらないけれど、お言葉やニュアンスでいつも教えていただいて。ありがたいなと思ってました。

ブラック　すごい気遣ってくれて。僕は、可朝師匠とか五郎師匠とか一世を風靡した人は必ずグリーン車で呼んでるんだけど「いや、普通車でええさかい」向こうから先に、気遣いさせないっていう。だから、一世を風靡してたのが落ちて。

相山　落ちて……とは例の。

ブラック　カウス問題！　吉本クビになって。だから仕事も松竹の、若井ぼん・はやとから頼まれて老人ホームの慰問とかそんなのばっかりだったの。だから僕が会呼んであげると、もうお笑いに飢えているお客さん、今のお客さんの前でやるのが楽しくってしょうがなくって、生き返ったようにやってましたね。二十分でええやろうって、もう止まんないんですよ。僕も落語家だからかもしれないけど、立ってやるってめっちゃ疲れるんです。立って三十分以上やるとふらふらになっちゃうけど、一時間しゃべっても全然、平気で。

相山　立って一時間以上ってありましたよね。この間来た人がいるから違う話をしないといけない。前回の話で十分、面白いのに。いや、違う話をしようって、そういう気遣いが多くて。どれだけネタがあったんでしょう。素晴らしかったですね。

ブラック　だから、漫談家っていう自覚なくって。漫才師が昔の思い出話を語るっていう、最後まで漫才師にこだわってたんでしょうね。僕、この五郎師匠と新コメディNo.1でM1グランプリ出たかったんだけど、ネタが吉本の悪口だから。

相山　出られない！
ブラック　吉本主催だと予選で落とされる。
相山　見たかったです。
ブラック　だから五郎師匠ボケにして、僕がいつも突っ込んでましたから。
相山　あんなご経験をされて、芸能界で何十年と売れていたのになんていい方なんだろうって驚きました。やはり吉本の中で、五郎師匠としては背中から刺された感じなんでしょうか。
ブラック　吉本の現執行部と創業者の対立で、創業者側に付いちゃったから。
相山　巻き込まれて……。

川柳師のこと

ブラック　川柳師匠が一番、悲しい死というか。
相山　だんだん弱られてきて。
ブラック　最初、異変に気が付いたのは、あれだけ声張って歌ってた人が急に声出なくなっちゃって。テレビだったらボリュームを上げないと聞き取れないぐらいの声になっちゃって。それと同時に、ボケだしてきたわけでしょう。
相山　会場に来れないことがありました。
ブラック　何度もですよ。最初は十二月に道楽亭で二人会、毎年やってたんだけど開演前に来てなくて。家に電話したら、もう出たって言う。じゃあいいや、ちょっと長めにやるからって『江島屋騒動』をまくら振って長講七十分。サゲ言って頭下げたら「お仲入り」嘘、まだ来てないの？仲入り後も、また私が続けて出てく羽目になって。その翌年はもうそんなことがあったから「師匠、新宿末廣亭の前で待っててください。そこまで迎えだしますから」って。師匠は毎回「ここはなぁ、分かりにくいんだよな」って、ぼやきながら来てたから。ただ、新宿末廣亭が分かんなくなっちゃって、迷子になって警察に保護されて。それからもう僕は怖くて、一切呼ぶのよした。

相山　『ガーコン』を「みんな知ってるからいいよね」ってやらないで下りて、お客さま楽しみにしてたのに。車でご自宅までお迎えにあがったとき「今度は九月に寄席があるんだよ、何日だったかな」って手帳見て、その後お財布を開けてお金を数えて閉まってを繰り返し。お年寄りの典型的なパターン。どうお話していいんだろうと思いながら日本橋亭までお連れしたことがありました。その前はすごくお元気で、ご自宅までお送りしたときに圓生はこうだったんだよとか、俺が売れた頃はとか、とっても楽しい話をしてくださって。

ご自宅にお送りしても、家の前で転んだり、お荷物がたくさんあるし真っ暗なので、もしけがでもしたらお弟子さんでもないし、責任が負えませんって申し上げて送り迎えは辞退しました。それから道楽亭で川柳師匠の出演があっても、今日は来ませんとか、風邪気味だから休みなど休演が続きました。その後つくし師匠に伺ったら、入院。お見舞いに行って「私、誰だ？」「つくし！」っていう会話が、通ううちに最後は「誰かな」って、違う人の名前言ったりと聞きました。

ブラック　自分で川柳であることも。あれは、なんか意外な。
相山　お嬢さんは大変だったでしょうね。
ブラック　あんまり愛された記憶ないって言ってたから、愛情表現下手なんでしょうけどね。愛された覚えないって言うけど、娘さんかわいくって。もう何十年も前楽屋で「ケトちゃん、俺、ケトちゃん他人と思えないんだよ」「師匠そうですか。いや、僕もなんですよ。僕も師匠、他人だと思えないんですよ。お互いにそう思ってるんだったら、いいじゃないですか、身内になりましょう。お嬢さん、僕にください」って言ったら、急に話題、変えやがった。
相山　そこは洒落にはならない。マジになる。
ブラック　僕競馬やってるから、血統っていうものに対してめっちゃ興味があって。例えばその種付け段階から、この馬とこの牝馬を、これ、あれすると、どんなのが生まれるか。競馬の場合は、母親じゃなくて母の父が問題になるわけだね。だから、男の雄の名前しか言わないんですよ。ディープインパクトに何とかを付けたみたいな、男と男の。それでいうと、快楽亭ブラックに川柳の血を、どんなカルト芸人ができるのか。
相山　逆にマイルドに中和されて。
ブラック　だから、本当に結婚したかったんだけど。
相山　子どもがどうなるか。
ブラック　仕事、随分頼んで。文芸坐金曜落語会って、映画九時半ぐらいまででしょう。夜十時からライブやるんです。川柳師匠、池袋演芸場のトリだから。師匠、金出すの嫌いだから映画は招待券もらったのしか行かない。文芸坐たって知らねえだろうなって迎えに行こうと思ったら、トリの後に仕事あんの嬉しくてしょうがない。高座で言うんです。「きょう、この後もう一席あんだよ、駅向こうの文芸坐って所で。あの快楽亭ブラックって知ってるだろ? ニューハーフの」ニューハーフっていうのがハーフの新しい呼び方だと思って。ちょっと師匠、勘弁してよ。

相山　ニュータイプなハーフっていう意味合いですね。

ブラック　誤解されるよね。圓丈師がケチなんですよ。だから、圓生門下ってケチな奴ばっかりいた気がするなぁ。渋谷のジァン・ジァンで実験落語会、毎回超満員ですよ。でもギャラなし。

相山　えー?

ブラック　積み立てとこうって言うんですよ。

相山　それを?

ブラック　ええ。でも、圓丈師と気が合わないから、みんなどんどん抜けちゃう。最終的に、最後までやった圓丈師と夢月亭清麿で山分けになった。

相山　山賊の山分け。

ブラック　だから、僕らもその代わり打ち上げで、タダで飲ましてくれるんですがね。もう、さすがに兄弟子だから川柳さんには気遣って一万円出してたんですね。打ち上げで飲むでしょ。当然、若いし一軒じゃすまないじゃないですか。「圓丈兄さん、もう一軒行きましょうよ」「じゃあ、二軒目は割り勘だぞ」「割り勘でもいいから行きましょうよ」みんなそうなりますよ。川柳も付いてきて、「じゃあ、みんな三千円ずつ」金もらってるのに出さない。でも、こっちは封筒を内ポケットにしまったの見てるから、いつも左談次が羽交い締めにして、談之助が抜いて、ちゃんとお釣り七千円入れて戻すっていうのが毎回の儀式になって。

相山　いったん握ったら離さない。

ブラック　談志が、よく悪口言ってた。あんなしみったれな奴はねえぞ。「兄さんおごってくれよ」「金ないから嫌だよ」「じゃあ、俺が金貸すからおごって」って言ったんだぞってのが、川柳ケチエピソードとして談志がいつもそれを語るんですよ。ところが、川柳師匠に聞いてみたらあべこべなの。どっちもケチだったたって話なんだけど。

われわれ二ツ目になると、今二ツ目披露って、お客さんにもそういう会をやるやついますけど、昔は二ツ目になるっていうのはもう幕内だけのことだから。師匠方、兄さん方に、この度二ツ目になりましたって手ぬぐい渡したら、ご祝儀くれる。手ぬぐいだから大して高いご祝儀じゃない。僕らの頃三千円ぐらいが相場だったかな。当然、川柳師匠も先輩方からもらったけど、唯一払わなかったのが談志なんです。手ぬぐい取っただけで、お祝いくれなかった。それが悔しいから、じゃあ現金くれないならせめておごってもらおうと思って「兄さん、おごってくれよ」「この後、仕事だから駄目」いつも仕事理由に断ったけど、たまたまそのときの断り文句が「いや、金がないから駄目だ」「じゃあ、俺が金貸すから、おごってくれ」川柳師匠は、俺は真っ当なことを言った。

相山　ご祝儀の分を回収するだけ。

ブラック　ションベン横丁で、三遊亭圓之助さん、この人当時、落語界で一番貧乏で有名だった人と割り勘で飲みに行って。昭和三十年代前半ですからその頃の日本映画見ると、居酒屋にメニューが貼ってあって、肉じゃが三十円とかそういう時代ですよ。それで端数が出るんですね。勘定が何百何十何円、その端数の一円をどっちが払うかで、取っ組み合いの喧嘩したって。

相山　凄いとしか、言葉が出ません。

ブラック　一遍だけ、ゴチになったんだ。秀次郎が生まれてすぐのときに、なんかおかみさんに言われたらしくって「あなた、いつもブラックさんにはお世話になってんだから」あそこのおかみさん、なんか私を客だと思ってた。私ぐらいしか仕事頼む芸人いないから。子どもも生まれたんだし、たまにはご馳走しなさいよ。でも当人からしてみると、自分につくしっていう弟子ができたのが嬉しくてしょうがないから、弟子を見せたいのもあって。

浅草でご馳走するから、演芸ホールで待ち合わせしてヨシカミに連れてってもらって。勘定を払うときに見たらハンバーグと水割りかなんかで、郵便局の封筒に万札五枚入ってる。でも、ヨシカミですから一万円札で釣り来るわけですよ。そこで、うちのかみさんと子ども帰して、もう一軒行こう。かいば屋っていう有名な飲み屋があって。そこへ、つくしと私連れて三人で入った。入った途端に、そこにいた客が「川柳師匠」ただ声掛けただけなのに「祝儀出さなきゃ駄目だよ」って一万円。すげえな、うかつに声も掛けられない。

相山　知らないふりしないと。

ブラック　その一万円はおかみさんに「じゃあ、これで川柳師匠に飲まして」川柳師匠と三人でそこで飲みだして、途中でおかみさんが「もうお客さんからいただいたお金、使っちゃったわよ」あと払うからってまた飲みだして。そのうちに客いなくなって、おかみさんがあくびしだしたから迷惑がられてるなと思って「師匠この辺でお開きにしましょうか」「勘定、幾ら？」「一万円もらってるから、あと九千円」「よし、お前ら三千円ずつ出せ」。珍しく私がキレて「いい加減にしろ！きょうは俺にご馳走するって呼んだんじゃねえのか。まだ四万幾ら残ってんだろ。それに俺はともかく、入りたての弟子からも割り前取ろうたぁ、手前ぇどういう了見だ」

相山　タクシー代を払ってくれなかったって聞いたことあります。タクシー乗ろうって言うと機嫌が悪くなるから、師匠、帰り車だから安く乗れますって酔ってる師匠を乗せてご自宅まで送ったことがよくあったみたいです。

ブラック　打ち上げで銀座で飲んで、もうへべれけだから地下鉄で帰れないなと思って、ブラ坊にタクシー拾わしてこれで家まで送ってって五千円出したら、私の客も「俺も車代出す」五千円二枚で一万円、渡してるんですよ。なのに車乗ってしばらくして、入りたてのブラ坊に「お前、俺のこと好きか」「はい、好きです」「だったら車代お前出せ」

相山　入りたての他人様の弟子に。でも、若いとき川柳師匠は突出して稼いでいましたね。二ツ目のときのギャラが圓生師匠よりも高かった。いすゞのベレットもお持ちでした。

ブラック　それからは、貯金取り崩して。
相山　そんなに高いお酒、飲まないのに。
ブラック　そう。でも、入ってこない、寄席のワリだけだから。私が真打ちになったときに、パーティーで、『芝浜』やるのが真打ちのステータスみたいなのがあったから、来年中には『芝浜』やりますってお客の前で宣言しちゃったんです。来年になって、ぼちぼち約束を実行しなきゃいけないなと思ったら、お客さんからもらった「戦前戦中標語集」面白そうじゃないからずっと読まなかったんだけど、他に読むものないから読みだしたら、その戦争中に禁酒を進める標語がいっぱいできたんですね。『酒飲みと米兵、和平の敵』『酒飲みは瑞穂の国の穀潰し』いいなあ、『酒飲みは瑞穂の国の穀潰し』五七五で川柳になってる。こういう句で夫の酒を諌めるかみさん、こしらえようかな。川柳師匠のおかみさん俳人じゃん。じゃあ別に魚屋じゃなくてもいいのか。川柳夫婦で『芝浜』こしらえようか。

こしらえたら、噂聞いて俺のことを噺にするんだって、客席の真ん中で堂々と聞いてんの。こっちは取材とか一切しないで、川柳夫婦の会話とかこんな話をしてんじゃないかなとやったら、意外と的を射てたんだね。だんだんいたたまれなくなって、真ん中から端のほうに移動して、落語の途中でいなくなっちゃった。最後に私に駄目出ししたのは「あんちゃん、一番最初の『何言ってんだよ。俺は昔、落語会のアイ・ジョージっていわれて売れっ子だったたんだぞ。その頃の貯金があんだろう。一日三千円ぐらいの寄席のワリが入らないからって、釜のふた開かないなんてみっともねえこと言ってくれるな』あの、俺一日三千円ももらってないから。俺がもらってんのは日にならすと千円ぐらい」だから、そういう暮らしだから取り崩すしかないの。

相山　飲むんですから、なくなる一方ですね。中ジョッキに焼酎をなみなみ注いで、一気に飲んじゃうって聞きました。

ブラック　薄いと文句言うもんね。

相山　「薄い！」って怒ってるの見たことあります。みんな怖いから薄く作るんですよ。

ブラック　だんだん僕も年がいってくるから、僕を怒る人っていなくなるじゃないですか。最後に怒られたの川柳師匠「薄い」って。あとギャラ渡したのに、もらってねえって言い張るから。それに懲りて、人が見てる前じゃないと渡さないように。「師匠、渡しますよ」

相山　証人がいないと渡せない。

ブラック　酔っぱらってなくしちゃったのを、俺からもらってないって言い張るから。

相山　本当にすごい方のインタビューをさせていただいて。

ブラック　あとは私が死なないように。デスノート伝説を……というようなことで。

相山　それだけは。本日はありがとうございました。

（二〇二三年三月十六日／彩流社会議室にて）

【著者】
相山美奈子
…あいやま・みなこ…

東京都生まれ。落語コンシェルジュ（商標登録第5988763号）。幼少時より落語にハマり十代で立川談志に熱中。人間関係が原因で引きこもりとなるが、談志落語の奥深さを知り、落語的発想として人生をどう生きるかを考えるようになる。2016年11月からアメーバブログ「落語はあなたのココロを癒す！　落語コンシェルジュ相山美奈子 official blog」を開始。主な活動は、落語イベント（寄席や独演会にお客様を案内し、終わった後に食事会）、「談志が愛した根津・下町そぞろ歩き」、落語セミナー・講座等を開催。2018年11月市川市大野公民館にて落語講座（全3回）開催。2022年2月オンラインで「落語講座（全2回）」主催。2022年3月新座市野火止公民館にて落語講座（全2回）開催。2018年9月「第1回とーん！とくる落語会　立川キウイ独演会」主催。2019年4月「第2回とーん！とくる落語会　立川談修・談吉親子会」主催。2022年10月「Forever 前田五郎～快楽亭ブラック毒演会」主催。イベントの開催は2022年9月までで50回以上。やさしくかつ丁寧な案内はファンに大好評。ネットやラジオでの活動もひろく展開している。

落語（らくご）が好（す）き！

二〇二三年五月三十日　初版第一刷

著者――相山美奈子
発行者――河野和憲
発行所――株式会社 彩流社
〒101-0051
東京都千代田区神田神保町3-10大行ビル6階
電話：03-3234-5931
ファックス：03-3234-5932
E-mail：sairyusha@sairyusha.co.jp
印刷――明和印刷（株）
製本――（株）村上製本所
装丁――中山デザイン事務所（中山銀士＋金子暁仁）

ISBN978-4-7791-2898-1 C0076
https://www.sairyusha.co.jp

フィギュール彩

〔既刊〕

㉞ 怪談論

稲田和浩◉著

定価(本体 1800 円+税)

さあさあ、寄ってらっしゃい、見てらっしゃい！　夏の暑い夜、夕涼みの客のこころを摑んだのは、爆笑落語でもなく、人情噺でもなく、どこか妖しく気味の悪い怪談だった。

㊷ たのしい落語創作

稲田和浩◉著

定価(本体 1600 円+税)

これまで考えなかった文章づくりのノウハウを伝授する。新作落語とは何か、そしてそこから学ぶオモシロオカシイ文章の作り方を考える。「落語」から文章づくりの骨法を学ぶ。

㊻ 〈男〉の落語評論

稲田和浩◉著

定価(本体 1800 円+税)

落語評論の主たる目的は次の三つ。(１)落語をひろく世間一般に知らしめること。(２)落語家の芸の向上を促すこと。(３)評論を通じて自己表現を行うこと。キモはコレだけだ。